누가 우편함에
새를 배달했을까

고
진
하

kmc

누가 우편함에
새를 배달했을까

고진하 산문집

여는 글

아담은 낙원을 떠나면서
낙원 한 조각을 가져갔다.
인간의 영혼 속에는
그가 가져갔던 낙원 한 조각이
메마른 이 세상에 대한 기억보다
훨씬 더 깊이 아로새겨져 있다

  - 비겐 구로얀, 〈정원에서 하나님을 만나다〉에서

   무슨 복인지 나는 시심(詩心)의 정원을 거닐며 살 수 있게 된 걸 늘
고마워한다.
   이 강퍅하고 분주하기 짝이 없는 세상에서 삶의 행간(行間)을 들여다
보고, 여백의 아름다움을 악보로 취해 노래하고, 우주의 가장 오랜 조형

물인 침묵에 쪽문을 내어 들고나는 것도 시를 벗 삼기에 가능한 일이라 여긴다.

　지난겨울 나는 내설악 근처의 한 창작공간에서 지냈다. 산은 높고 물은 맑았다. 높은 산봉우리마다 눈은 켜켜이 쌓여 빛났고, 맑은 계류는 꽝꽝 얼어붙어 빛났다. 인적이 드문 물가에는 햇빛과 바람과 물에 씻긴 돌멩이들이 끼끗하게 빛났다. 글 쓰는 틈틈이 나는 얼어붙은 물가를 걷곤 했다. 맨날 보는 돌멩이들이지만 똑같은 돌은 하나도 없었다. 저마다 유일무이한 돌들, 저마다 오래된 균열과 상처로 꽃핀 돌들. 어느 날 나는 잔돌 몇 개를 주워 창작공간으로 돌아오다가 울컥, 눈시울이 뜨거워졌다. 내 손에 들린 잔돌들이 저마다 '우주의 꽃'이란 생각이 사무쳤던 것이다. 잔돌들이 그렇다면 사람은……

　돌이켜 보면 나는 이 책을 쓰는 동안 '스스로 그러한 것들'(자연)에 자주 눈길을 주고 살았다. 스스로 그러한 것들은 스스로 그러함으로 스스로 그러하게 살지 못하는 나를 때때로 일깨워 주었다. 나무, 새, 꽃, 바람,

흙, 구름, 하늘 등 스스로 그러한 것들은 내가 알아들을 수 없는 언어(혹은 침묵)로 내가 밥 빌어먹기 위해 쓰는 언어가 글꼴을 갖출 수 있도록 해주었다. 혹 이 글들 가운데 읽을 만한 무엇이 있다면 '스스로 그러한 것들' 이 곁님으로 곁에 있어 주었기 때문이다. 의례적인 수사나 겸사가 아니다.

스스로 그러한 것들을 벗 삼는 동안, 나는 지구별 한 가족 운운하면서도 숱한 차별과 폭력이 난무하는 우리 현실에 가슴 아파했고, 으뜸의 가르침이라 하면서도 여전히 높은 울타리를 치며 공생의 지혜로부터 멀어지는 종교간의 갈등과 다툼을 목도해야 했으며, 나와 너의 젖줄인 이 땅의 산하가 초토화되는 아픔을 멀거니 지켜봐야 하는 괴로움을 혼자 삭이곤 했다. 나는 글들로 무관심하지 않았으나 내 글들로는 무능했다. 그래도 내 글들의 무능을 스스로 달랠 수 있었던 건 내 안에 살아계신 분이 내 무능을 무심코 지켜봐 주었기 때문이다.

이 글들은 몇 년 동안 고 아무개의 이름으로 신문과 잡지에 발표되었던 글들이다. 글을 발표하던 때의 고 아무개는 이제 과거의 사람이다.

죽은 사람이다. 따라서 이제 나는 이 글들을 '내' 글이라 고집할 아무 이유도 없다. 하지만 지구별의 오랜 관습이 있으니 고 아무개의 글이라고 할 수밖에 없겠지. 책 표지에도 그렇게 이름이 나가겠지. 아직 이름에 대한 욕망이 다 죽었다고 할 순 없다. 글쓰기도 이름을 얻고자 하는 욕망이니까. 언젠가 이 욕망도 내려놓을 날이 있겠지. 때가 되면 성욕(性慾 혹은 聖慾)도 내려놓고 식욕도 내려놓듯이.

아침부터 봄을 재촉하는 봄비가 촉촉이 내린다. 봄, 작년의 봄이 아니다. 새봄이다. 새봄(新春)은 새로 봄(見)이다. 나도 새로 보고 싶다. 새로 쓰고 싶다. 비겐 구로얀의 말처럼 내 안에도 '낙원 한 조각'의 기억이 깊이 아로새겨져 있기 때문일까. 꽃봄을 맞아 이 책을 읽는 이들도 저마다 글의 행간에 숨어 있는 저 아득한 낙원의 기억을 솔솔 살려 낼 수 있으면 좋겠다.

2012년 삼월
원주 승안동에서
고 진 하

| C O N T E N T |

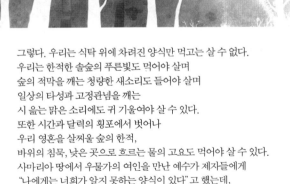

제 1 부

사랑을 배우는 지구학교

그렇다. 우리는 식탁 위에 차려진 양식만 먹고는 살 수 없다.
우리는 한적한 솔숲의 푸른빛도 먹어야 살며
숲의 적막을 깨는 청량한 새소리도 들어야 살며
일상의 타성과 고정관념을 깨는
시 읊는 맑은 소리에도 귀 기울여야 살 수 있다.
또한 시간과 달력의 횡포에서 벗어나
우리 영혼을 살찌울 숲의 한적,
바위의 침묵, 낮은 곳으로 흐르는 물의 고요도 먹어야 살 수 있다.
사마리아 땅에서 우물가의 여인을 만난 예수가 제자들에게
"나에게는 너희가 알지 못하는 양식이 있다"고 했는데,
예수가 말한 그 비밀스런 양식이 혹 이런 것은 아니었을까.

에그 모닝

꼬꼬댁 꼬꼬 꼬꼬댁 꼬꼬……

매일 아침마다 알을 낳은 우리 집 암탉 두 마리가 알을 낳았다고 보내는 신호다. 나는 곧 플라스틱 바가지로 사료를 퍼 가지고 좁은 닭장 안으로 고개를 숙이고 들어간다. 사료통에 먹이를 부어주고 나서 둥근 짚 둥우리에 놓인 알을 꺼내 가지고 나온다. 그리고 부엌문을 열고 밥을 짓는 아내에게 따뜻한 온기가 전해지는 알을 건네주며 아침 인사도 건넨다.

"에그 모닝!Egg Morning"

알을 낳는 닭 때문에 생긴 우리 부부의 새 인사법이다. 처음에는 내 인사를 듣고 "아, 닭살 돋아!" 하며 눈을 흘기더니, 이젠 재미있다는 투로 "에그 모닝!" 하고 인사를 받는다. 나이가 들며 무덤덤해진 하루하루가 닭 때문에 생기가 돌고 우리의 얼굴에는 상큼한 미소까지 피어나게 되었다.

그런데 며칠 여행을 떠났다가 돌아와 닭장 안을 들여다보니 암탉 두 마리가 보이지 않는다.

"여보, 닭들이 안 보이네?"

아내가 다소 심각한 표정을 지으며 대꾸한다.

"이상한 일이 생겼어요. 닭들이 짚둥우리에 들어가 며칠째 나오질 않고 저러고 있네요. 먹이도 거의 안 먹고요."

닭장 안으로 들어가 횃대 옆에 있는 짚둥우리를 들여다보니 암탉 두 마리가 꼼짝 않고 앉아 있다. 나는 무슨 일이 생긴 것인지 금세 짐작이 되었다.

"여보, 이상한 일이 아니고, 닭이 지금 병아리를 까려고 알을 품고 있는 거요."

"알도 없는데, 알을 품다니요?"

"이를테면 '없는 알'을 품고 있는 거지요."

아내는 기가 막힌 듯 깔깔대고 한참 웃더니 대꾸한다.

"그래서 '닭대가리' 라고 하는 거군요."

'닭대가리' 란 말을 듣고 나도 배꼽을 잡고 한바탕 웃었다. 그렇게 웃다가 생각하니 문득 웃을 일만이 아니라는 생각이 들었다.

나 역시 저 암탉들처럼 뾰족한 착상의 알도 없으면서 창조의 새 생명을 낳으려고 의자에 눌어붙어 앉아 낑낑거린 적이 있지 않던가.

그리고 무엇보다 중요한 건, 지금 저 암탉들은 자기 생명의 '본성' 에 충실한 순간을 살고 있다는 것. 온종일 사료나 물도 먹지 않으면서 - 전혀 안 먹는 것은 아니고 하루 한두 번 정도 나와서 먹는다 - 알도 없는 짚 둥우리에 들어앉아 있는 것이 인간에게는 어리석음으로 여겨지지만, 그래서 '닭대가리' 라는 빈정거림도 당하지만, 새 생명[병아리]을 깔 때를 자기 몸으로 알고 자기 몸의 명령대로 하고 있는 닭들이야말로 얼마나 생명의 본성에 충실한 것인가.

그렇다면 비록 닭이 '없는 알' 을 품고 앉아 있다 하더라도 '닭대가리' 라고 닭을 비하하는 것은 가당치 않다는 생각이 들었다. 암, 가당치 않고말고!

오늘날 우리 인간은 얼마나 생명의 본성을 거스르고 사는가. 자본의 노예가 된 우리들은 살아 있는 생명조차 돈으로 환산하기를 부끄러워하지 않는다.

당장 굶어 죽을 지경이 아닌데도 더 많은 자본을 축적하기 위해 생명을 파괴하는 행위는 인간 이외의 다른 생명체들에게는 찾아볼 수 없는 일. 조국의 산하가 송두리째 유린당하는 것을 망연자실 지켜보면서 인간이 자기 생명의 본성을 상실하면 저지르지 못할 일이 없구나 하는 생각에 섬뜩해지기도 한다.

인간의 타락이 무엇이던가.

"정신없이 물질로 뛰어드는 것, 그것이 타락이다. 피조물은 신의 은밀하고 거룩한 존재의 현시이건만, 그러한 사실을 놓쳐 버린 채 세상 속으로 뛰어드는 것, 그것이 타락이다." (비젠 구로얀)

물질문명의 새콤달콤한 맛에 폭 빠진 이들이 그 미각의 즐거움을 포기하고 돌아설 수 있을까. 사람들은 돈만 있으면 살 수 있다고 서슴없이 말한다.

종교인의 명찰을 단 이들은 어떤가. "돈은 없어도 살지만 하나님이 없으면 못살아"라고 말할 수 있는 이들이 얼마나 될까. '정신없이 물질에 뛰어' 든 이들에게 눈에 보이지 않는 하나님이 안중에나 있을까.

비겐 구로얀 식으로 말한다면 타락은 다른 것이 아니다. 생명의 바탕인 하나님의 현존에서 점점 멀어지는 것. 하나님을 모신 삶을 행복이라 여기지 않고 불어난 사물, 곧 '행복의 위조품'에 집착하는 것. 나보다 큰 생명의 질서를 망각하고 강물처럼 흐르는 생명의 신성한 흐름에서 이탈하는 것. 거대한 우주 생명의 옷감을 짠 위대한 사랑의 부름을 듣지 못하는 것…….

다시 닭 이야기로 돌아가 보자. 나는 없는 알을 품고 있는 암탉들을 보며 예수가 하신 말씀이 떠올랐다. 어느 날 그는 예루살렘 도성을 내려다보며 탄식하신다.

"암탉이 제 새끼들을 품듯이 내가 너희를 품으려 한 것이 몇 번이더냐?"

그래, 그랬지. 예수는 생명의 본성에서 멀어진 이들을 당신의 너그러운 품을 벌려 품어 안으려 했다. 모든 살아 있는 것이 풍성하고 풍성한 생명을 누리도록 돕는 것이 당신의 사명이었기 때문이다.

그 사명을 위해 죽음마저 마다하지 않았다. 세상의 뭇 어미들이 제 자식들을 '눈에 넣어도 아프지 않다' 고 말하는 것처럼, 예수는 눈에 넣어도 아프지 않은 뭇 생명들을 사랑하는 일에 모든 것을 걸었다. 하나밖에 없는 목숨마저!

그것은 곧 거룩한 하나님의 새 생명을 낳는 일이었다. 이처럼 하나님의 새 생명을 낳고자 하는 산고産苦를 우리는 십자가의 수난이라고 부르거니와, 예수는 그런 산고를 통해서 태어난 생명들이 하나님과 친해지고 마침내 하나님을 닮은 존재들로 탈바꿈하기를 바랐다.

예수의 이런 삶의 모습에서 눈 밝은 이들은 거룩한 신의 모성母性을 읽기도 하는데, 나는 오늘도 짚둥우리에서 없는 알을 품고 있는 암탉들을 보며 생명의 본성을 상실하고 있는 인간의 어리석음을 읽는다.

고맙다, 닭들아!

하지만 이제 하지가 지나 폭염이 몰려오는데, 헉헉거리며 짚둥우리를 떠나지 않는 너희들이 안쓰럽기만 하구나. 어서 산기産期가 끝나 평상시로 돌아왔으면 좋겠다. 그래서 삐약삐약거리는 병아리 소리는 못 들어도 다시 싱그러운 아침 인사를 건넬 수 있었으면 좋으련만······.

"에그 모닝!"

지복의 꽃비
꽃비,

아침부터 꽃비가 흩뿌린다.

집을 나와 오래된 낡은 농가들이 모여 있는 고샅길을 걷는데, 길옆으로 도열한 아카시아나무들이 난분분 난분분 흰 꽃잎들을 흩뿌린다. 흰 꽃잎들은 나비처럼 흩날리다가 내 몸에도 사뿐 내려앉는다.

산 가까이 살며 대자연이 베푸는 숱한 호사를 누리지만, 이런 호사는 처음인 것 같다. 나는 빔^空의 충만을 깨닫고 지복 속에서 하늘에서 내리는 꽃비를 흠씬 맞았다는 옛 성인이라도 된 양 한껏 기분이 고양되었다.

꽃비 내리는 길을 걷자니 문득 '꽃 속에 사는' 이종만 시인이 생각났다. 양봉으로 생계를 꾸리는 틈틈이 맑은 서정시를 써서 '양봉 시인' 으로 불리는 이 시인. 그는 지금쯤 어느 산골짜기에 벌통들을 옮겨 놓고 꽃비를 맞고 있을까. 격조했던 터라 손전화를 넣었다.

시인은 특유의 경상도 사투리로 반갑게 전화를 받는다.

"원주도 아카시아가 벌어졌지예?"

"아니, 이 시인은 내 안부는 안중에도 없고 꽃 안부가 더 궁금하군요. 하여간 원주는 벌써 꽃비가 내리기 시작했어요."

내 안부를 먼저 묻지 않았다고 잠시 투덜댔지만, 사실 이 시인에게는 꽃의 안부가 더 궁금할 것이다. 꽃의 안부는 곧 꿀벌의 안부니까.

시인은 지금 경기도 안산에서 꿀을 받고 있단다. 며칠 전 진주에서 안산의 꽃소식을 듣자마자 야반도주하듯 벌통을 옮겼는데, 거기서 며칠 더 꿀을 받다가 내가 사는 원주로 올 거라며 전화를 끊었다. 들뜬 목소리로 짐작컨대 폭밀인 모양이다.

나는 걸음을 멈추고 아카시아나무를 쳐다보았다. 이제 막 첫 햇살이 비껴드는데, 벌써 꽃가지 사이에는 부지런한 일벌들이 날아들어 붕붕거린다. 꽃송이 송이마다 찾아가 뜨겁게 입 맞추는 꿀벌들, 얼마나 아름다운 광경이며 다행스러운 일인가.

지난 4월 복사꽃 만발한 과수원 옆을 지나다가 늙수그레한 아낙들이 사다리를 놓고 인공수분을 해 주는 광경을 본 적이 있다. 벌들이 현저히 줄어들어, 꽃가루를 암술에 일일이 칠해 줘야 복숭아를 제대로 딸 수 있다는 것이었다.

이런 안타까운 현상은 미국이나 유럽 여러 나라에서도 일어나는 모양이었다. 지난해 미국에서는 꿀벌 25% 정도가 떼죽음으로 사라졌다고 한다. '벌떼 폐사 장애'라고 부른다던가. 그 원인은 아직 오리무중인데 병이나 기생충이 원인일 거라는 주장도 있고, 유전자 변형 농작물의 증가나 휴대전화에서 나오는 전자파 때문일 거라는 주장도 있다.

하여간 꿀벌이 사라지면 인류도 생존할 수 없다.

아인슈타인은 환경 위기가 지금보다 심각한 지경에 이르지 않았을 때 이미 이런 위기를 예견했던 것일까. 꿀벌이 없어지면 수분(꽃가루받이) 작용도 없어져 식물이 사라지고 뒤이어 동물이 사라지고 끝내 인간도 사라질 거라고 경고했다. 이제 그런 예견이 눈앞의 현실이 된 것이다.

인간은 얼마나 어리석은 존재인가. 발등에 불이 떨어지고 나서야 호들갑을 떠니 말이다. 이 절박해진 위기를 보도하면서 꿀벌의 실종으로 미국 경제가 입을 손실 또한 빼놓지 않고 보도했다. 그 손실이 140억 달러나 된다고!

이렇게 구멍가게 주인처럼 영악하게 주판알을 퉁겨 손실액을 계산해 보도해야 위기를 감지하는 효과가 있다고 생각한 것일까. 그래, 그럴 수도 있겠지만, 이런 식으로 생태적 위기에 대처하는 태도를 볼 때마다 너무 인간 중심적인 뻔뻔한 속내가 들여다보여 민망스럽다.

돈으로 환산되지 않는 것은 유용하지 않다는 사고방식이 골수까지 사무쳐 있는 것이 아닌가. 이것은 인간이 돈으로 환산되지 않으면 그것의 소중한 가치를 인식하지 못할 만큼 우주 만물과의 교감 능력이 쇠퇴했음을 드러내 주는 증거가 아닌가.

오늘 아침에도 나는 이 시인이 선물로 준 꿀을 몇 숟가락 떠먹고 길을 나섰다. 꿀맛을 음미하며 길을 걷는데, 시인이 읊어 준 시 한 구절이 떠올랐다. 꿀 한 되에는 '지구를 몇 바퀴 돈 길이만큼의 길고 긴 벌의 길이 들어 있다' 는!

하지만 지금 꿀벌은 이런 따위의 생각조차 없이 무심으로 꿀을 따고 있을 것이다. 바람결에 꽃비를 흩뿌리는 아카시아나무 또한 무심으로 꽃비를 흩뿌리리라.

그 나무 아래를 걷는 종자가 철이 들었든 들지 않았든…… 지복의 꽃비를!

누가
우편함에 새를
배달했을까

새벽 뜰은 고요했다.

가까운 숲의 새들이 뜰 안을 들고나며 수런거리지만, 새들의 수런거림이 뜰의 고요와 침묵을 깨뜨리지는 않았다. 곧 여명이 동터 왔다. 숱한 나무들이 모여 생울타리가 된 뜰 가득히 아침 햇살이 번지기 시작했다. 하나님이 베풀어 주시는 고마운 선물이다.

창문을 열자 아래층 집에서 키우는 애완견 가을이가 먼저 알아채고 컹컹컹 짖어 댔다. 하, 고 녀석! 저 나름의 아침 인사겠지.

나는 문을 열고는 목조 계단을 밟고 내려가 우편함으로 걸어갔다. 신문이 우편함으로 배달되기 때문이다. 빨간 우편함은 까만 열매가 조롱

조롱 맺히기 시작하는 왕벚나무 옆에 있었다. 우편함 속에 손을 넣어 우편물을 꺼내려 하는데, 우편함 아래쪽으로 전에 없던 코팅된 종이가 매달려 있었다.

"우체부 아저씨, 새가 둥지를 틀고 알을 품고 있으니 우편물을 아래 장바구니에 넣어 주세요."

글을 읽고 나니 궁금해져서 우편함 속을 들여다보았다. 다소 컴컴한 우편함 속에 마른 풀잎으로 지어진 조그만 새 둥지가 눈에 띄었다. 그리고 작은 새 한 마리가 둥지 속에 몸을 파묻고 염주 같은 까만 눈알을 반짝이고 있었다. 새는 낯선 방문객을 고요히 내다보고 있었다.

나는 우편함에 붙은 글을 다시 한 번 읽고 혼자 킬킬대며 웃었다.

허허, 경사 났군, 경사 났어!

글귀를 코팅까지 해서 붙인 것은 아마도 아래층 가을이 엄마일 것이다. 가을이 엄마는 천성적으로 마음씨가 고운 여자! 꽃이나 동물들을 사랑하는 모습에서도 그렇고, 매일 아침 자두나무 곁에 놓인 대리석 성모상을 물로 씻어 주는 것을 보아도 그렇고.

신심이 깊은 가을이 엄마가 아침마다 성모상의 얼굴을 젖은 수건으로 깨끗이 닦아 주고, 성모상 앞에 놓아둔 화분에도 꽃이 시들까 염려하여

자주 물을 주곤 하는 모습을 보아온 터였다.

아무튼 가을이 엄마의 따뜻한 숨결이 배인 우편함에 붙은 글귀를 보며 나는 가슴이 뭉클했다. 성모를 잘 모시면 저런 착하고 고운 맘씨를 품게 되는 걸까? 성 아우구스티누스가 그랬던가. 우리가 누군가를 사랑할 때 우리는 그 사랑하는 대상을 닮게 된다고!

하지만 성모, 예수의 육친인 마리아만 성모겠는가. 생명을 사랑하여 생명을 품고 새 생명을 낳는 모든 존재가 다 성모가 아닐까.

중세의 수도승 마이스터 엑카르트의 말처럼 우리가 하나님의 아들을 낳은 성모 마리아를 안다고 하여도 우리가 하나님의 아들을 품어 낳지 못한다면, 그 앎이 무슨 의미가 있겠는가.

생명을 주신 하나님을 믿는다고 하면서도 생명을 핍박하는 모순된 삶을 사는 사람들이 얼마나 많은가. 오늘날 자본의 노예가 되어 흘러야 할 강의 자연스런 물길을 가로막는 사람들, 그 강에 수만 년 터 잡고 살아온 숱한 생명의 씨를 말리는 사람들, 과연 그들이 믿는 하나님은 어떤 하나님일까.

대자연의 순리를 거스르면서 여전히 하나님의 이름을 들먹이는 것만큼 큰 불경이 또 있을까. 그들이 명목상으로 하나님을 믿는다고 떠벌리지만 실제로는 하나님을 중심에 모시지 않는 무신론자들이 아닐까.

예수는 평소 온유한 분이시지만 이런 사람들에게는 단호한 어조로 꾸짖으셨다. 소위 표리가 부동한 사람들, 무슨 박제처럼 겉은 번지르르하지만 속은 텅 빈 사람들, 신자라는 번쩍이는 명찰을 달고 다니지만 사실은 불신앙으로 가득 찬 사람들. 예수는 이런 사람들을 '회칠한 무덤' 같다고 사납게 꾸짖으셨다.

소박하게 말해 종교라는 게 뭔가. 생명을 살리라는 명령에 복종하는 것이 아닌가. 생명은 유한한 인간이 좌지우지할 수 있는 것이 아니고 하나님에게 속한 것이 아니던가. 생명이 하나님에게 속한 것이라면, 땅에 붙어 밟히는 질경이 한 뿌리, 돌멩이 하나조차 경외해야 하는 것이 아닐까.

〈풀잎〉의 시인 월트 휘트먼은 하찮아 보이는 작은 생명조차도 기적 아닌 것이 없다며 이렇게 노래했다.

풀잎 하나가 별들의 운행에 못지않다고 나는 믿는다.
개미 역시 똑같이 완전하고 모래알 하나,
굴뚝새의 알 하나도 그러하다고 나는 믿는다.

청개구리는 최고의 걸작품이다.

땅에 뻗은 딸기덩굴은

천국의 응접실을 장식할 만하다.

내 손의 작은 관절이라도

그것을 능가할만한 기계는 세상에 없다.

고개를 숙인 채 풀을 뜯는

소는 어떤 조각품보다도 훌륭하다.

그리고 한 마리 생쥐는

몇 억의 무신론자들을 깜짝 놀라게 하기에

충분한 기적이다.

　　나는 가을 엄마의 생명을 사랑하는 그 따스한 마음씨와 지극 정성을 보며 자연스럽게 이 시가 떠올랐다.

　　하여간 그날 아침 이후로 나는 잠에서 깨어나면 살금살금 우편함으로 발걸음을 옮겼다. 무슨 금줄이 쳐져 있지는 않았지만, 생명의 산실産室 앞을 지나는 그런 조심스런 발걸음으로.

　　새가 우편함에 둥지를 틀고 알을 품고 난 후 여러 날이 훌쩍 지났다.

오늘 새벽에도, 잠에서 깨어나자마자 우편함으로 다가가 안을 들여다 보다 깜짝 놀랐다. 아니, 놀랐다기보다는 반가웠다. 내심 기다리던 어린 새끼들이 알을 깨고 나와 노란 주둥이를 쩍쩍 벌리고 있었다. 어미 새는 벌레를 잡으러 갔는지 눈에 띄지 않았다.

나는 어미 새가 궁금해 우편함에서 조금 벗어나 나무 밑에 앉아 어미 새가 돌아오기를 기다렸다. 5분쯤 기다렸을까, 아주 작은 새가 포르릉 날아오더니 우편함으로 쏙 들어갔다. 땅딸막하고 갈색 털빛을 지닌 것 으로 보아, 굴뚝새 같았다.

나는 성가족聖家族의 달콤한 조찬을 방해하지 않으려고 발길을 돌렸다. 그리고 돌아서며 혼자 중얼거렸다.

굴뚝새야, 너도 성모로구나. 알을 품어 새 생명을 낳아 세상을 살리니 말이야. 너희의 지저귐이 있어 세상이 평화롭고, 너희의 자유로운 날갯 짓이 있어 우리가 자유를 꿈꿀 수 있으니 말이야.

가을 엄마에게도 말해 주어야겠다. 우리 집은 성모님 여러 분을 모시 고 있다고!

그대 나날의 삶이 성소聖所인 것을

봄이 그리웠다. 봄의 전령인 매화꽃이 보고 싶었다. 유난히 추운 겨울을 견뎌 냈기 때문인지도 모른다. 지난겨울은 항간에 떠도는 풍문처럼 빙하기가 다시 올지도 모른다는 생각이 들 정도로 몹시 추웠다.

그렇게 봄을 그리워하던 어느 날, 나는 곁님을 꼬드겼다.

"꽃 보러 갑시다!"

겨울을 나며 온몸에 찬바람이 쏙쏙 파고든다며 추위를 못 견뎌 하던 곁님의 눈이 대지를 뚫고 나오는 새순처럼 빛났다.

"꽃? 좋지요. 그런데 어디로?"

"남녘으로!"

마침 입춘 무렵이었다. 우리는 남녘땅으로 봄 마중을 나갔다. 지리산 자락, 담양으로.

하지만 봄의 문턱을 밟아볼 수 있을 거라는 기대로 날짜를 잡아 떠났는데도 지리산 자락에는 하얀 잔설이 덮여 여전히 을씨년스러웠다.

매화나무엔 앙증맞은 꽃망울이 하나둘씩 맺히고 있었다. 향기를 탐하는 나비처럼 꽃망울에 코를 대보아도 아무런 향기도 느낄 수 없었다. 아쉬웠지만 꽃망울을 볼 수 있는 것으로 만족했다.

푸른 대나무 숲이 서걱서걱 울을 두르고 있는 고풍스런 정자들을 둘러본 뒤, 우리는 발걸음을 돌렸다. 돌아오는 맘이 왠지 허전했다. 좀 피곤하기도 해서 차창에 기대어 끄덕끄덕 졸고 있었던가.

문득 전화벨이 요란스레 울렸다. 후배 K 시인이었다.

"선배님, 놀라지 마세요!"

"무슨 일인데?"

"C 형이 출가한대요."

그가 말하는 C 형 역시 내 후배 시인이었다. 느닷없는 소식에 내 귀를 의심하며 다시 물었다.

"출가라고?"

"네, 스님이 되려고 하신대요."

헉! 출가라고? 전화를 끊고 나니 문득 머리가 떵했다. C 시인은 촉망받는 중견 시인이고, 지난해 박사학위를 받고 어쩌면 곧 교수가 될 거라는 기대를 받는 친구였다.

동서양의 종교에 대해서도 해박한 지식을 갖추고 있어서, 이따금 만나면 영적인 삶에 대해 서로 깊은 속내를 털어놓고 지내온 사이였다.

출가라? 금세 믿어지지 않았다. 가출이 아니고 출가란 말이지?

끄덕끄덕 졸던 나는 정신이 번쩍 들었다. 차창 밖에는 저녁놀이 물들고 있었다. 순간, 분홍빛 노을 속에 박박 머리를 깎은 C 시인의 얼굴이 떠올랐다. 그리고 '출가'란 말이 문득 싱싱하게 살아왔다. 출가란 말이 그처럼 싱싱하게 가슴에 맺혀 온 건 또 처음이었다.

출가가 무엇이던가. 자기보다 큰 것을 위해 자기를 버리는 행위가 아닌가. 더 이상 '나' 혹은 '나의 것'에 대한 집착을 끊고 대아大我에 이르는 것. 이것이 곧 출가의 정신이 아니던가.

그동안 나는 '출가자의 마음'으로 살아야 한다고 스스로 다짐해 왔다. 가정을 버리고 속세를 버리는 출가는 하지 못하더라도 진정한 신앙인이라면 물질과 세속적 가치에 대한 집착을 훌훌 떨쳐 버려야 한다고!
속된 욕망에 대한 집착에서 벗어나고자 하는 큰 뜻을 품고 살자고!

스승 예수도 그렇게 말씀하시지 않았던가. 실제로 당신 자신도 하늘
나라 소식을 전하기 위해 가족을 버리는 출가를 결행하셨고, 따르는 제
자들에게도 출가의 필요성을 역설하시지 않았던가.

어느 날 베드로가 자신이 가족과 일터를 버리고 출가한 사실을 상기
시키자, 예수는 출가의 중요성을 이렇게 다시 설파하셨다.

"하늘나라의 기쁜 소식을 전하는 위대한 사명을 위하여 제 집이나 형
제나 자매나 어머니나 아버지나 자녀나 논밭을 버린 사람은 지금 이
세상에서는 숱한 어려움을 겪겠지만, 집과 형제와 자매와 어머니와
자녀와 논밭을 백배나 받을 것이고 오는 세상에서는 영생을 얻으리
라." (마가복음 10장)

하지만 우리 모두가 현실적으로 이런 '버림'의 권고를 따를 수는 없
다. 특별한 소명에 이끌려 곧이곧대로 '출가'를 하는 사람도 필요하지
만, 재가자在家者로 살면서도 출가자의 마음으로 하늘나라를 넓히는 일에

진력하는 사람도 필요한 것이다.

실제로 출가자 가운데는 속인보다 못한 삶을 사는 사람도 있고, 속세에 몸을 두고 살면서 출가자 못지않은 삶을 사는 사람도 있지 않던가.

그러므로 중요한 것은 '출가'냐 '재가'냐가 아니다.

자기 영혼의 중심축을 어디에 두고 사느냐 하는 것이다. 평범한 일상 생활을 영위하면서도 그 중심축을 하나님에게 두고 산다면, 거룩한 처소에 몸을 두고 사느냐 세속에 몸을 두고 사느냐는 그다지 중요한 문제는 아닌 것이다.

예수회 신부인 앤소니 드 멜로가 들려주는 이야기에 잠시 귀를 기울여 보자.

어느 수도원에서 순례의 길을 떠나는 제자들에게 수도원장인 노스승이 말했다.

"이 쓴 조롱박을 가지고 가거라. 그리고 이 쓴 조롱박을 반드시 거룩한 강에 담그고, 모든 거룩한 성전에 가지고 들어가도록 하여라."

순례를 떠난 제자들은 노스승이 말한 대로 했다. 꽤 오랜 시간이 지난 뒤, 그들은 순례를 마치고 돌아왔다. 노스승은 그들이 다시 가지고 돌아온 쓴 조롱박을 삶아서 신성한 음식으로 내놓았다.

노스승은 그 맛을 보고 난 뒤 제자들에게 미소를 지으며 말했다.

"이상도 하지? 거룩한 물과 성전들도 이 쓴 조롱박을 달게 만들지 못했군!"

그렇다. 성스러운 공간이 우리를 성스럽게 만들어 주는 것이 아니고, 우리의 성스러운 삶이 우리가 머무는 공간을 성스럽게 만들어 주는 것이다.

〈예언자〉를 쓴 시인 칼릴 지브란의 말처럼, 우리의 나날의 삶이 '하나님을 모신 성소'라는 사실을 깨달아야 한다.

하나님은 어디 특정한 공간에 계신 것이 아니라 우리 일상 속에 살아 계시기 때문이다. 하나님은 내 심장보다 더 내 가까이 계신 분이 아니던가.

유대의 위대한 랍비였던 아브라함 하임은 요리사이며 여인숙 주인이기도 했다. 그러나 그는 많은 사람들에게 영적인 감화를 주었다. 그의 명성을 듣고 뭔가를 배우기 위해 사람들이 찾아오면 그는 항상 이렇게 말했다.

"나에게 가장 중요한 과제는 식기들을 깨끗하게 닦는 것이고, 여인숙을 찾아오는 나그네를 잘 대접하는 것이라오."

그러니까 아브라함 하임은 식기들을 깨끗하게 닦는 시간이 곧 자기 영혼을 정화하는 시간이었고, 나그네를 대접할 때마다 하나님을 모시듯 했다.

이렇게 살 수 있으면 설거지는 곧 묵상이 되고, 나그네를 환대하는 것은 성사聖事가 되는 법이다. 랍비는 영적인 교훈이나 말로서 가르치지 않았지만, 사람들은 그의 단순한 행위에서 영적인 감화를 얻곤 했던 것이다. 이 랍비처럼 일상 속에서 깨어서 산다면, 그것이 곧 '출가의 정신'과도 통하는 게 아닐까.

나는 C 시인과는 가는 길이 다르다. 하지만 나는 C 시인 때문에 이 세상 속에 살며 '나보다 크신 분', '내 존재의 뿌리 되신 분'과 사귀며 사는 것이 무언인가를 깊이 묵상할 수 있었다.

고맙소, C 시인!

비단실을
토해 내는
인생

아침저녁으로 산책 삼아 오르내리는 명봉산 기슭은 요즘 들어 아카시아 꽃이 만개해 있다. 시원한 바람이라도 불면, 아카시아는 산길을 지나는 이들의 머리에 향기로운 꽃비를 흩뿌린다.

저물녘 나와 함께 산길을 오르던 아내는 눈보라처럼 하얗게 쏟아지는 꽃비를 맞으며 황홀한 듯 소리친다.

"오, 세상에 이런 축복이 어디 또 있겠어요!"

그래, 이런 엄청난 축복을 누리다니. 꽃비, 향기로운 꽃비는 이 산길을 오가는 사람이면 누구에게나 값없는 선물을 한 아름씩 안겨 준다. 선한 사람 악한 사람 가리지 않고, 예쁜 사람 미운 사람 가리지 않고 누구에게나 축복을 선사한다. 본래 하나님의 자비는 이런 것.

이 순간 우리는 굳이 복음서를 읽지 않아도, 복음서의 주석 따위를 읽지 않아도 향기로운 꽃비에 흠뻑 취해 피조물을 통해 현현한 하나님의 자비를 생생히 읽을 수 있다.

고마우셔라. 꽃비여, 하나님의 연인들이여!

우리는 두 손 벌려 꽃비를 맞으며, 길에 떨어진 꽃잎을 한 움큼씩 주워 서로의 몸에 끼얹는 장난을 치며 산길을 오르고 있었다. 그렇게 아카시아 군락이 펼쳐진 산길을 지나 저수지 옆을 지나고 있었다.

주말을 맞이하여 가족들과 낚시를 온 듯싶은 젊은 사내 둘이 저수지 옆의 나무에 매달려 있었다. 가까이 다가가 자세히 보니, 그들은 뽕나무에 열린 까만 오디를 따고 있었다. 보기 드문 뽕나무를 보니 그렇게 반가울 수가 없었다. 벌써 오디를 많이 따서 먹은 듯 그들의 입술은 쥐 잡아 먹은 고양이 주둥이처럼 시뻘겋다.

그런 것을 보면 그냥 지나치지 못하는 내가 말했다.

"여보, 우리도 저 짙은 분홍 립스틱을 발라 보자구!"

"분홍 립스틱이라구요? 아이구 참, 이이는 못 말려."

우리도 사내들이 따는 뽕나무 옆의 나무에 달려들어 조롱조롱 매달린 오디를 따 먹기 시작했다. 우리의 입술은 금세 천연 립스틱을 발라 쥐 잡아 먹은 고양이 꼴이 되었다. 우리는 서로의 입술을 쳐다보며 한참 킬 킬대고 웃었다. 뽕나무에 달린 오디로 천연의 에너지를 충전한 뒤 다시 명봉산 정상을 향해 천천히 발걸음을 옮겼다.

산길을 헐떡거리며 오르던 아내가 힘에 부친 듯 길가에 털썩 주저앉 으며 입을 떼었다.

"당신 농업고등학교 다닐 때 누에를 키웠다고 했는데, 누에 얘기 좀 들려줘요."

"누에 얘기? 그러지 뭐, 누에 하면 내가 할 얘기가 많거든."

잠사蠶絲의 섶 위에서 꼬물거리던 누에. 벌써 30여 년이 훨씬 지나버렸 지만 아직도 그 기억은 또렷하다.

내 고등학교 시절에는 농촌에서 누에를 많이 길렀다. 그 수입이 짭짤 했다. 농업고등학교를 다니던 나는 양잠 실습으로 누에를 길렀다. 누에 를 기르기 위해 우리는 수업 시간에도 뽕잎을 땄고, 방과 후에도 뽕잎을 땄다.

후텁지근한 날이나 비 오는 날에는 뽕나무에 매달려 뽕잎을 따는 일 이 지겨웠지만, 누에가 섶에 올라가 뽕잎을 먹으면서 내는 소리는 매우

듣기 좋았다. 누에가 크면 뽕잎 먹는 소리가 마치 소나기 내리는 소리처럼 서늘했다.

마지막 뽕잎을 먹고 큰 누에들이 나무와 짚으로 얼기설기 짠 섶에 올라 하얀 비단실을 뽑아내어 고치를 지을 때는, 그 고치 짓는 광경이 신기해서 오래도록 바라보곤 했다. 한번은 누에가 집 짓는 것이 신기해서 멍하니 바라보고 있었더니, 양잠養蠶 선생님이 곁에 둘러선 우리에게 말씀하셨다.

"그렇게 신기해? 그럴 것 없어. 너희도 누에처럼 비단실을 토해 내는 인생이 돼야지!"

그때 그 선생님의 말씀은 오래도록 내 인생살이의 거울이 되었다. 뽕잎을 먹고 똥을 싸고 뽕잎을 먹고 똥을 싸다가 어느 날 비단실을 토해 내기 시작하는 누에! 선생님은 그런 인생이 되라고 신신당부하셨던 것이다.

곰곰이 생각해 보면 우리는 얼마나 많은 것들을 먹고 사는가. 누에는 뽕잎만 먹고도 비단실을 토해 내는데, 우리는 그 많은 것들을 먹고 무엇을 토해 내던가.

소설가 니코스 카잔차키스는 소설 〈희랍인 조르바〉에서 인간이 먹는 것으로 무엇을 토해 내는가를 보면 인간을 알 수 있다고 했다. 세상에는 세 종류의 인간이 있는데, 어떤 부류는 자기가 먹는 것으로 비계와 똥만 만들어 내고, 또 어떤 부류는 일과 유머를 만들어 내고, 마지막 부류는 자기가 먹는 것으로 하나님에 대한 헌신과 사랑을 빚어낸다고. 그런데 주인공 조르바는 자기는 적어도 먹는 것으로 일과 유머를 만들 줄은 안다고! 그렇다면 나는 과연 이 세 부류 가운데 어떤 인간이던가.

언젠가 나는 이 소설가의 이야기를 읽고 나서 자연스럽게 성만찬에 대해 생각했다. 사제가 주는 빵을 받아먹고 그것을 사랑으로 바꾸는 것이 성만찬의 진정한 의미가 아니던가. 물질을 정신으로 바꾸는 것. 누에가 뽕잎을 비단실로 바꾸듯이 빵을 하나님과 이웃에 대한 사랑과 헌신으로 바꾸는 것.

하지만 우리는 일용하는 빵을 하나님과 이웃에 대한 사랑과 헌신으로 바꾸기는커녕 미움과 불화와 불평으로 바꾸지 않던가. 빵을 찬미와 감사와 노래와 춤으로 바꾸는 대신 불만과 저주와 욕지거리 따위로 바꾸지 않던가. 그러니까 물질을 정신으로 바꾸기는커녕 수많은 물질을 삼키고 더 많은 물욕物慾으로만 채우려 하지 않던가……

오늘의 산행은 누에 이야기로 시작하여 성만찬 이야기까지 이어졌다.

산길을 되짚어 내려오던 아내는 꽃비를 흩날리던 아카시아 군락에서 갑자기 발걸음을 멈추더니 아카시아 꽃을 좀 따 가자고 했다. 기왕 져버릴 꽃들을 따다가 효소를 담겠다는 것이었다.

"아카시아 꽃으로 효소를 담으면 이웃들과 함께 향기를 나눌 수 있잖아요."

나는 새집으로 솔가한 뒤 집을 리모델링하느라 무리를 한 탓으로 산행이 좀 힘들었지만, '향기를 나누자'는 말에 꼼짝 못하고 아카시아나무에 매달린 꽃 따는 것을 거들었다. 아내는 꽃을 손으로 딸 때마다 혼자 이렇게 중얼거렸다.

"미안해, 너희를 따서…… 미안해, 너희를 따서……."

'고라니 로드'에서
봄을 기다리며

폭설이 내리고 난 며칠 뒤였다. 직장에서 퇴근하는 딸을 기다려, 우리 식구들은 모처럼 함께 저녁 식사를 했다. 식사를 마친 딸은 미리 준비해 놓은 듯싶은 큼지막한 비닐봉지 하나를 들고 제 남자친구와 함께 외출을 서둘렀다.

"아니, 이 밤에 어딜 가려고 그러니, 날도 추운데?"

폭설이 내린 뒤 동장군의 기세는 더욱 등등했다. 거실의 물이 꽁꽁 얼고 땅속에 깊이 묻어 놓은 김칫독에 살얼음이 낄 정도였다.

"아, 아빠한텐 미리 말씀 못 드렸네. 제 친구랑 고라니가 먹을 양식을 던져 주고 오려구요."

"오, 그러니! 어떻게 우리 딸이 그런 이쁜 생각을 했을꼬?"

"아빠 참, 이쁘긴! 눈에 갇힌 산짐승들 굶어 죽을까 봐 그러죠."

"그래, 좋은 생각이다. 오후에 아빠가 산행을 하다 보니, 산 속을 헤매다닌 고라니 발자국들이 소나무 숲 속에 즐비하더라."

나는 오후에 아내와 함께 눈꽃으로 덮인 설경을 즐기러 뒷산으로 등산을 다녀왔었다. 산기슭 초입의 물푸레나무 군락을 지나 솔숲을 오르던 우리는 고라니 발자국이 낙엽처럼 깔려 있는 것을 보았다. 아내는 고라니 발자국들이 빼곡히 깔린 길을 보고 '고라니 로드'라고 이름을 붙였다.

"그래요? 그럼, 아빠도 함께 가시지요."

"그럴까. 그러면 내가 '고라니 로드'로 안내해 주지."

내가 앞장을 섰다. 캄캄한 그믐이지만 소복소복 쌓인 눈이 희끄무레한 빛을 뿜어 길을 분간하는 데는 별 어려움이 없었다.

마을 고샅길을 벗어나 곧 산길로 접어들었다. 적어도 20센티가 넘을 적설은 전혀 녹지 않고 그대로 쌓여 있었다. 경사진 산길을 오르다가 몇 차례 미끄러지기도 했다. 하지만 미끄러져 나뒹굴어도 미끄러운 길에 저항하지 않았다. 미끄러져 나뒹구는 우리 몸을 쌓인 눈이 가볍게 받아주곤 했기 때문이다.

이십 여분쯤을 걸어 우리는 솔숲에 있는 '고라니 로드' 에 도착했다. 솔숲은 적요했다. 눈옷을 껴입은 솔숲의 시린 적요가 뼛속으로 스미는 것 같았다. 사박사박거리는 우리의 발소리와 숨소리 외에는 아무 소리도 들리지 않았다. 우리는 고라니 로드 초입에서 걸음을 멈추고 숨소리마저 죽였다. 그래야 할 것 같았다. 이 적요한 백야의 숲에서는!

우리는 손에 들고 온 비닐봉지를 조심스레 풀었다. 비닐봉지에서 나는 바스락거리는 소리가 숲의 적요를 깨뜨렸다. 우리는 소나무 밑의 눈을 치우고 고구마와 무시래기와 묵은 쌀을 부어 놓았다. 고구마와 무시래기와 묵은 쌀이 굶주린 짐승들의 배를 채워 주기를 소망하면서!

그러나 우리는 우리가 소나무 밑에 던져 놓은 고구마와 무시래기와 묵은 쌀 냄새를 맡은 산짐승들이 나타나기를 기다리지는 않았다. 산기슭을 휘어잡은 동장군의 등등한 기세도 기세려니와 서둘러 사람 냄새를 말끔히 지워줘야 할 것 같았기 때문이다. 우리는 말없이 하산을 서둘렀다.

침묵 속에 산행을 마치고 집 안으로 들어서던 딸이 문득 침묵을 깼다.

"과연 고라니들이 우리가 던져 주고 온 것들을 먹을까요?"

"글쎄……."

그렇게 말하는 딸의 상기된 얼굴에는 아침놀보다 고운 홍조가 피어 있었다. 나 역시 말 못하는 짐승들의 고통에 연민의 마음을 포갠 것이 마냥 흐뭇했다. 나와 둘이 아닌, 하나도 아니지만 둘이 아닌 것에 나를 포갤 드문 기회가 주어진 것이 무척 기뻤다. 이럴 때 우리는 하나님이 선물로 하사한 우리의 선한 본성을 확인할 수 있지 않던가.

나는 딸의 질문에 대꾸하는 대신 지난여름 인도 여행 중에 들은 아름다운 이야기 하나를 들려주었다.

인도의 갠지스 강가에 아주 늙은 노인 한 분이 있었다. 그분은 새벽마다 갠지스 강둑에 있는 커다란 나무 밑에서 명상을 하곤 했다.

어느 날 아침 노인이 명상을 막 끝내고 눈을 뜨자, 전갈 한 마리가 거센 강물에 떠내려가고 있는 것이 보였다. 그렇게 물살에 실려 떠내려가던 전갈이 강물 속으로 뻗어 내린 긴 나무뿌리에 걸려 버렸다. 전갈은 나무뿌리를 벗어나려고 버둥거렸지만, 얼기설기 엉켜 있는 뿌리에 점점 더 얽혀 버리고 말았다.

이것을 본 노인은 곧 길게 늘여진 뿌리 쪽으로 몸을 굽혀 물에 빠진 전갈을 구하려고 손을 뻗었다. 그런데 노인의 손이 전갈에 닿자마자 전갈은 냅다 달려들어 사납게 쏘았다. 그 순간 노인은 본능적으로 손을 끌어당겼으나, 곧 다시 몸의 균형을 잡고 죽어라 고투하는 전갈을 구하기 위해 손을 뻗었다. 노인의 손이 닿으려 할 때마다 전갈은 독 있는 꼬리로 사정없이 쏘았고, 손이 퉁퉁 부어오른 노인은 그 아픔을 참느라 얼굴을 찡그렸다.

바로 그때 지나가던 사람이 전갈을 구하려고 애쓰는 노인의 모습을 보고 소리쳤다.

"저런! 어리석은 늙은이, 당신 정신 나간 것 아니오? 그처럼 추악하고 쓸모없는 놈을 구하려 하다니. 그놈을 구하려다 당신이 죽을지도 모르는데 왜 그런 바보짓을 한단 말이오?"

노인은 천천히 고개를 돌려 낯선 사람을 바라보면서 조용히 말했다.

"이보게, 쏘는 것은 전갈의 천성이 아닌가? 그렇다고 그것을 구해 주고자 하는 내 천성을 포기해야 할 것까지는 없잖은가?"

얼마나 아름다운 이야기인가. 하늘이 허락하신 자기의 천성, 긍휼^{矜恤}에 순복하는 그 마음자리가 얼마나 어여쁜가.

비교하는 것 자체가 분수를 모르는 일일 수도 있다. 굶주리는 생명의 아픔에 대해 무심코 연민과 긍휼의 마음을 보태는 것, 즉 하나님이 우리에게 허락하신 천성을 발휘하는 것이야말로 성사聖事에 참여하는 일이 아닐까. 사사로운 맘 없이 성사에 참여함으로써 우리는 은연중에 하나님을 중심에 모실 수 있는 것이 아닐까.

> "하나님을 사랑하면, 하나님이 된다고 말해도 되지 않을까요? 이것은 이단 사설처럼 들립니다. 사랑이 있는 곳에는 둘이 아니라 하나와 일치만이 있습니다. 나는 나 자신 속에 있을 때보다는 사랑 안에 있을 때 더더욱 하나님이 됩니다." (마이스터 엑카르트)

나는 이 위대한 신비가의 말을 이렇게 바꾸어 본다. 우리가 하나님이 창조한 생명을 사랑하면, 하나님을 모실 수 있을 뿐만 아니라 그 거룩한 생명과 하나가 되는 것이라고. 굶주린 고라니의 배고픔을 덜어 주면 우리는 고라니와 한 생명이 되는 것이라고.

모든 생명의 뿌리는 하나라고 한다. 다시 말하면 전체totality이신 하나님께 속해 있지 않은 생명은 없다는 것이다. 이것을 자각하든 자각하지 못하든, 우리는 눈에 갇힌 산짐승들의 고통을 모른 채 하지 않음으로써 우리의 존재가 하나님께 속해 있다는 성스러운 희열을 맛볼 수 있었다. 이런 희열은 땅에 속한 유한한 생명이 천상의 감로甘露를 미리 맛보는 일이다.

하여간 밤늦도록 식구들과 정담을 나눈 뒤 나는 혼자 뜰로 나갔다. 초저녁 우리가 다녀온 골짜기는 깊은 어둠에 묻혀 있었다. 잔 눈발이 다시 간간이 흩날리고 있었다. 나는 고라니 로드가 있는 골짜기를 바라보며 혼자 중얼거렸다.

어서 봄이 왔으면 좋으련만! 물론 이런 내 곡진한 비나리가 아니더라도 봄은 오리라. 고라니 로드를 단숨에 지울 파릇파릇한 봄이!

허물을 벗은 매미처럼

가을 하늘이 깊고 푸르다. 나는 가을빛을 마중하러 어린 삽사리를 앞세워 산책길에 나섰다. 그런데 눈부신 하늘을 우러러보다가 나는 생뚱맞게도 '죽기 좋은 날'이라고 한 어느 인디언의 말이 떠올라 빙그레 웃었다.

그래, 이런 날 죽을 수 있으면 좋으련만!

길가 논배미에는 따가운 볕을 받고 여물어 가는 벼들이 찰랑찰랑 황금빛으로 일렁이고, 먼 산자락의 나뭇잎들도 울긋불긋 가을빛이 완연해진다. 이제 곧 추수하는 농부님 네의 발걸음이 분주해지리라.

나는 명봉산 중턱에 있는 저수지 쪽을 향해 걷다가 숨이 차 잠시 큰 나무 그늘 아래 들어 가쁜 숨을 고른다. 마른 풀숲을 골라 엉덩이를 붙이는데, 메뚜기 두어 마리가 인기척에 놀라 논배미 속으로 폴짝 뛰어 달아난다. 어릴 적 소주병이나 주전자 같은 걸 들고 나와 또래 아이들과 메뚜기를 잡아 병 속에 집어 넣던 기억이 아련하다.

다시 엉덩이에 묻은 먼지와 마른 풀잎을 털고 일어서는데, 축 늘어진 나뭇잎에 붙은 무슨 껍질 같은 것이 이마에 툭 닿는다.

나뭇잎을 뜯어 자세히 보니, 매미 허물이다.

어두운 땅속에서 굼벵이로 살던 매미 성충이 기어 나와 나무를 타고 올라가 나뭇잎에 허물만 쏙 벗어 놓고 여름 하늘로 훨훨 날아갔으리라.

반투명의 갈색 허물을 자세히 들여다보니, 매미의 형상이 그대로 새겨져 있다. 툭 튀어나온 눈 모양이며 주름투성이의 뱃가죽까지 살아 있는 매미를 쏙 빼닮았다.

하지만 허물은 그냥 허물일 뿐. 허물은 이제 한여름 날 나뭇가지에 앉아 서늘한 울음을 토하며 울던 매미와는 아무 상관이 없다. 그건 매미의 죽은 과거일 뿐이다. 나는 그 허물을 보며 스스로에게 묻는다.

'넌 매미처럼 낡은 허물을 벗은 적이 있니? 지금도 여전히 낡은 허물을 그대로 뒤집어쓰고 사는 건 아니니?'

어느 무명 성직자의 시 한 편이 문득 떠오른다. 이 시는 영국 웨스트민스트사원에 묻힌 한 성공회 주교의 시로 전해지고 있다.

내가 젊고 자유로워 무한한 상상력을 가졌을 때,

나는 세상을 변화시키겠다는 꿈을 가졌었다.

좀 더 나이가 들고 지혜를 얻었을 때

나는 세상이 변하지 않으리라는 걸 알았다.

그래서 내가 살고 있는 나라를 변화시켜야겠다고 결심했다.

그러나 그것 역시 불가능한 일이었다.

황혼의 나이가 되었을 때는 마지막 시도로

내 가족을 변화시켜야겠다고 마음을 정했다.

그러나 아무도 달라지지 않았다.

이제 죽음을 맞이하는 자리에서 나는 깨닫는다.

만일 내가 내 자신을 먼저 변화시켰더라면

그것을 보고 내 가족이 먼저 변화되었을 것을.

또한 그것에 용기를 얻어

내 나라를 더 좋은 곳으로 바꿀 수 있었을 것을.

누가 아는가, 그러면 세상까지도 변화되었을지!

- 〈만일 내가 내 자신을 먼저 변화시켰더라면〉 전문

이 시는 자못 통렬하다. 구도자로서 잘못 살아온 자신의 한살이에 대한 회한과 깨달음이 내 뺨마저 붉게 물들인다. 그래, 나 역시 이 성직자처럼 나 자신의 허물을 벗고 새 존재로 거듭날 생각은 하지 않으면서 타인과 세상을 바꾸겠다고 거들먹거린 적이 있었지. 아, 얼마나 어리석은가.

물론 지금보다 더 아름다운 세상을 꿈꾸고, 내가 속한 사회와 교회 혹은 가정을 변화시켜 보겠다는 이상을 갖는 것은 바람직한 일이다. 이런 관심과 열정마저 없는 사람이라면 그야말로 밥만 축내는 사람일 것이다. 만일 어떤 젊은이가 그런 열정마저 가지고 있지 않다면 그는 애늙은 이에 불과할 것이다. 그러므로 우리가 지금보다 더 아름다운 세상을 만들고 싶어 하는 열망을 갖는 것은 소중한 일이다.

하지만 우리는 대체로 그 변화의 표적을 바깥으로만 투사할 뿐 자기 내부를 겨냥하지 않는다. 미숙하기 때문이다. 남의 눈에 든 티는 보지만, 자기 눈에 든 들보는 보지 못한다. 그래서 예수는 먼저 네 눈의 들보부터 치우라고 당부하신 것이리라. 그런 당부의 속내는 무엇일까.

〈젊은 시인에게 보내는 편지〉를 썼던 시인 라이너 마리아 릴케의 말을 들어보자.

"사랑은 우선 홀로 성숙하고 나서 자기 스스로를 위해, 그리고 다른 사람을 위해 하나의 세계가 되는 것이다."

사랑에는 단계가 있다는 말이다. 먼저 홀로 성숙하고 나서야 비로소 자기 자신과 타인을 위한 사랑의 땔감이 될 수 있다는 것.

그러면 우리는 어떻게 존재의 성숙을 이룰 수 있을까. 숱한 시련과 역경이 가로놓인 생을 통과하며 자신과 타인과 세상을 이해하는 안목을 넓혀야 하리라. 이해에 기초하지 않는 사랑이나 세계 변혁의 의지는 자기 자신에게나 타인에게나 바람직한 결과를 가져오기 어렵기 때문이다.

따라서 진정으로 성숙한 사람은 타인과 세상의 변화를 도모한다며 덤벙대지 않는다. 섣부르게 누구를 가르치려 들지도 않는다.

오히려 그는 저 가을 들녘의 벼이삭처럼 고개를 숙이고 안으로 고요히 여물어 갈 뿐이다. 그리하여 이삭 하나하나가 알알이 여물어 갈 때 들녘 전체가 황금빛으로 물드는 것처럼 성숙한 이의 내면에서 뿜어져 나오는 빛이 저절로 세상의 어둠을 밝힐 수 있을 것이다.

성공회 신학자인 매튜 폭스는 신앙적으로 성숙한 사람에 대해 이렇게 말했다.

"자신의 가장 깊은 속사람deepest self과 끊임없이 대면하는 사람의 의식은 힘이 넘친다. 그러한 사람만이 만물을 하나님에게로 되돌릴 수 있다. 그러한 사람만이 신적인 행동을 할 수 있다."

가장 깊은 속사람은 누구를 가리키는 것일까. 우리 존재의 원천인 하나님이 아니면 누구시겠는가.

우리가 그분과 깊이 대면하며 살아갈 때 낡은 과거에 집착하지 않고 날마다 거듭난 삶을 살아갈 수 있으리라. 우리 안에 계신 그분은 과거의 하나님이 아니고 현재의 하나님이 아니시던가.

자연은 큰 경전이다. 산책길에 손에 넣은 매미 허물을 가지고 돌아와 책꽂이 여백에 올려놓았다. 그리고 기도했다.

하나님, 매미처럼 낡은 허물을 벗고 믿음의 날개를 지녀 날마다 새 하늘을 향해 날아오를 수 있는 용기를 주옵소서.

그대 영혼의
산정이
까마득해도

흰 눈에 덮인 산봉우리는 신령스럽다.

지난밤 잔 눈발이 흩날리기 시작하더니, 밤새 온 천지가 새하얀 설국雪國으로 바뀌었다. 폭설이 세상을 평정해 버린 것. 높은 산과 들판, 마을의 지붕 빛깔이 온통 단색으로 바뀌고, 아름다운 것과 추한 것, 사랑스러운 것과 그렇지 못한 것, 높은 것과 낮은 것 등 만물의 차별성이 사라져 버렸다.

이런 무차별적인 평정 앞에서 나는 조물주에 대한 경외감과 동시에 무한한 평온을 느낀다.

정원으로 나가 보니, 헐벗은 나무들마다 눈꽃을 활짝 피우고 있다. 장독대의 크고 작은 항아리들도 소복소복 눈이 쌓여 두어 뼘은 키가 자란 듯싶다. 마을 고샅길에는 개들이 나와 눈밭을 나뒹굴며 경중경중 뛰고 난리법석이다.

뛰노는 천진들을 보니 나도 동심이 꿈틀거린다. 철부지 아이들마냥 눈덩이를 굴리고 또 굴려 눈사람이라도 만들어 볼까. 하지만 어른 체면을 구길 수 없어 마음을 접고 호젓한 산행에 나선다.

가벼운 산행이지만 털 장화를 꺼내 신었다. 집 뒤로 오르는 산길은 쌓인 눈이 발목을 웃돌고 사람 지난 자취라곤 없다. 발을 뗄 때마다 뽀드득, 뽀드득…… 나는 소리가 정겹고 상큼하다.

구부러진 산모롱이를 돌아가는데, 물푸레나무 군락에서 갑자기 장끼 한 쌍이 푸드득! 날아오른다. 내 발소리에 놀란 모양이다. 장끼를 보니 폭설 때문에 굶주리는 산짐승들도 있을 듯싶다. 산행을 마치고 내려가면 묵은 쌀이라도 몇 줌 가져다가 가까운 숲에 뿌려 주어야지!

그리고 또 문득 떠오르는 얼굴. 분주하고 소란한 마음 가라앉히러 강원도 오지의 한 수도원으로 기도하러 떠난 후배 목사의 해맑은 얼굴.

그는 지금쯤 무얼 하고 있을까. 오색딱따구리가 먹을 양식을 얻기 위해 고목을 부리로 찍느라 딱딱거리듯이 후배도 하늘 양식을 구하기 위해 수도원 찬마루에 엎드려 바닥을 두드리고 있을까. 그래서 값없는 은총으로 주어지는 고요와 한적을 누리고 세상이 주지 못하는 평화에 잠겨 있을까.

이런저런 생각을 하며 큰 소나무 둥치에 기대 서 있는데, 이심전심이랄까, 허리춤에 찬 손전화에서 문자 메시지 신호가 띠리릭 울린다.

열어 보니, 성속聖俗을 오락가락하는 문자들이 잔 눈송이들처럼 떠 있다.

"설경이 기가 막혀요, 형님! 그런데 제 마음을 괴롭히는 정욕, 명예욕, 영웅심을 어쩜 좋을까요?"

어, 이 친구, 맘에 쏙 드네.

신학도 시절에 「신에게 솔직히」라는 책을 읽은 적이 있지만, 후배의 솔직한 표현이 가슴을 뭉클하게 했다.

대개 성직에 몸담은 이들은 에고가 강해 자신의 삶의 그늘을 드러내기를 꺼려하지 않던가. 자기 삶의 그늘을 거침없이 드러낼 줄 아는 사람은 대체로 건강한 사람이다.

이미 고인이 되었지만 성자로 추앙받는 마더 테레사 수녀님도 한때는 하나님의 현존을 의심했다고 고백하지 않았던가. 어두운 그늘 속에 있는 버려진 사람을 돌보는 일에 평생을 헌신한 수녀님은, 만일 자신이 성자가 된다면 '어둠의 성자'가 될 것이라고 말한 적이 있지 않던가.

하여간 나는 후배의 그런 솔직함이 맘에 들어 곧 짧은 답신을 날렸다.

"J 목사, 서두르지 말고 천천히 가세나."

아무리 성의聖衣를 몸에 두르고 사는 사람이라도 어찌 세상 유혹에서 완전히 자유로울 수 있겠는가. 그리고 그런 부정적인 것들이 수도원 같은 성소에 들었다고 금세 사라지겠는가. 영적인 성취는 한무릎공부로 간단히 되는 일이 아니지 않는가.

나는 문득 오래 전에 읽은 사막 교부 시대의 한 젊은 수도자의 이야기가 문득 떠올랐다.

수도생활을 통해 마음의 평화를 얻지 못한 한 젊은이가 늙은 교부教父를 찾아갔다. 그가 찾아온 연유를 털어놓자, 스승이 젊은 수도자에게 물었다.

"수도자가 된 지 얼마나 되었는가?"

"7년이옵니다."

"7년이라?"

젊은 수도승의 대답을 듣고 스승은 이맛살을 찌푸렸다.

"나는 수도자로서 법의를 걸친 지 70년이 되었으나 아직 단 하루도 평온한 적이 없다네. 그런데 자네는 겨우 7년으로 벌써 평안을 갖고 싶다고?"

사실 나 역시 마음의 조급증이 일어날 때마다 이 이야기를 상기하곤 했다. 결국 이 교부의 이야기가 주는 교훈은 조급하게 이룬 영적인 성취는 '사춘기적 영성'에 불과할 뿐이라는 것!

보통 신앙인들이 무슨 부흥회 같은 곳을 다녀오면 금세 뭐라도 된 듯 으쓱대며 호들갑을 떠는 경우를 본다. 하지만 그런 행태는 화덕에 올려놓은 양은냄비 속의 짤짤 끓는 물과도 같아 얼마 지나지 않아 금세 싸늘하게 식어버리고 만다.

그래서 마이스터 엑카르트는 '어른의 영성'을 지니라며 이렇게 충고한다.

"성령의 불은 단번에 일어나지 않고 영혼의 성장을 위해 서서히 일어납니다. 왜냐하면 사람이 단번에 타서 없어진다면 그것이야말로 좋지 않은 일이기 때문입니다. 성령은 사람이 천 년을 살지 모른다고 생각하여 그 사람이 사랑 안에서 자랄 수 있도록 서서히 붙니다."

하나님의 배려가 얼마나 세심하신가. 단번에 불에 타 없어질까 봐 서서히 불을 지피신다고! 그렇다. 영적인 성장은 더디고 더뎌 평생이 걸릴 수도 있다. 바울 성인도 "앞에 있는 것만을 바라보고⋯⋯ 목표를 향해 달려갈 뿐"(빌 3:14)이라고 하지 않았던가.

산을 다 내려와 다시 올려다본 산봉우리, 여전히 눈부시다. 그리고 까마득하다. 내가 올라야 할 영혼의 산봉우리 또한 까마득하다. 하지만 내 안에 살아 계신 분이 나직이 타이르신다.

서두르지도 말고, 그렇다고 목표를 놓치지도 말라고!

너구리를 땅에 묻어 주고

철없는 봄눈이 흐벅지게 내린 날, 강연 여행을 떠났다가 눈길을 헤치고 집으로 돌아오니 아내가 말했다.

"참, 이상한 일도 다 있네요."

"무슨 일인데 그러시오? 혹시 나 몰래 사 둔 복권이라도 당첨된 거요?"

물론 아내는 복권 같은 것에 마음을 빼앗길 정도로 허황된 꿈을 꾸는 사람이 아니다. 하지만 아내의 표정이 좀 어두운 것 같아 그렇게 너스레를 떨었다.

"아래층 계단 밑에 있는 고양이 집에 가 보세요!"

"아니, 고양이가 돌아온 거요?"

한 주 전쯤 애지중지 기르던 고양이가 어디로 사라지고 난 뒤 돌아오지 않고 있었다. 이전에도 하루 이틀쯤은 집을 나갔다가 돌아오곤 했는데, 일주일이 지나도 돌아오지 않고 있었던 것이다.

"아니요. 새 손님이 들었어요."

나는 서둘러 아래층으로 내려갔다. 목조계단 밑에 있는 고양이 집을 들여다보았다. 안을 들여다보던 나는 깜짝 놀랐다. 잿빛 털을 지닌 짐승이었는데, 복슬복슬한 꼬랑지를 좁은 집 입구로 내놓고 얼굴은 반대로 향하고 있어 볼 수 없었다. 언뜻 보아서는 개 같기도 했다. 내가 고개를 갸웃대자 아내가 일러 주었다.

"너구리에요. 가끔씩 겨울에 집 주위에 나타나곤 하던…… 아마도 무슨 큰 상처를 입었거나 몸이 아픈 모양이에요. 어젯밤에 들어왔는데, 쫓아도 꼼짝 않고 저러고 있네요."

산짐승이 사람 곁으로 찾아드는 경우는 거의 없는데, 무슨 연유인지는 알 수 없으나 집 안으로 들어온 너구리를 아내는 귀한 손님으로 받아들이는 모양이었다. 다시 자세히 살펴보니 털빛에는 윤기가 없고 몸을 툭 건드려도 반응이 없었다.

"어쩌면 곧 죽을 것 같아요."

그동안 산기슭에 오래 살아온 경험으로 보아, 산짐승이 마지막 죽을 자리를 사람에게 의탁하는 경우는 본 적이 없었다. 그렇다면 왜 병든 짐승이 사람 곁으로 찾아든 걸까. 도무지 그 까닭을 알 수 없었다.

그날 오후 내내 아내는 너구리를 살려보려고 고양이 사료를 가져다 줘 보기도 하고, 겨우내 고양이가 덮던 이불을 가져다 깔아 주기도 했다. 아내의 동물 사랑은 이번에도 예외가 아니었다.

그러나 다음날 동이 튼 뒤 아래층으로 내려가 고양이 집을 들여다보니, 새 손님은 싸늘한 시신이 되어 있었다.

나는 아내에게는 아무 말도 않고 축 늘어진 손님을 집에서 끌어내어 단풍나무 밑에 묻어 주었다. 그렇게 짐승의 주검을 묻어 주면서도 의문은 가시지 않았다.

왜 너구리는 자신의 죽음을 사람에게 의탁했는지…….

옛 사람들은 말했다. 짐승은 자신의 죽을 자리를 안다고! 이런 말의 이면에는 사람은 만물의 영장이라면서도 자신의 죽을 자리를 알지 못한다는 인식이 깔려 있는 것이 아닐까.

인도의 고전 〈마하바라타〉에 보면, 주인공 유디슈트라는 "세상에서 일어나는 일 중에 가장 이상한 일은 자기 주위의 사람들이 죽어가는 것을 보면서도 사람은 자기가 죽을 거라고는 생각하지 않는다"고 했다.

피할 수 없는 것이 죽음이라면 우리는 피할 수 없는 죽음을 기꺼이 받아들여야 하는 것이 아닐까. 많은 사람들이 그것을 받아들이지 못하는 까닭은 무엇일까.

무상無常한 세상에 대한 집착 때문이 아닐까. 성 베드로의 가르침처럼 모든 육체는 풀과 같고 그 모든 영광은 풀의 꽃과 같음에도 불구하고 이 엄연한 사실을 애써 외면하기 때문이 아닐까. .

사실상 우리가 사는 세상은 영속하는 것이 없고 모든 것이 끊임없이 변화한다. 생로병사生老病死라는 말은 모든 인생이 겪는 변화를 잘 함축한 표현이다.

중세의 수도승 마이스터 엑카르트도 "모든 피조물은 변화의 낙인이 찍혀 있다"고 갈파했다. 모든 피조물에 변화의 낙인이 찍혀 있다는 것은 형상과 이름을 지닌 것들은 모두 영원하지 않다는 것이다. 요즘 지구별 곳곳에서 자주 일어나는 지진을 보면서 깨닫는 것이지만, 우리가 사는 세상은 '흔들리는 터전' 그 자체다.

그럼에도 불구하고 많은 이들은 언젠가 변화하고 소멸할 지상의 것들에 대한 집착에 사로잡혀 살아간다. 더러는 으뜸의 가르침[宗敎]을 설파하고 사는 지도자들조차 으뜸의 가르침의 진정한 뜻[宗旨]을 망각하고 사사로이 자신의 물욕을 채우는 일에 혈안이 되어 있다. 선한 목자의 너울을 두르고 있지만, 여전히 풀의 꽃 같은 영광에 도취해 있음이 아닌가.

한 쌍의 부부가 남다른 각오로 세속의 생활을 버리고 간절한 염원을 품고서 성지로 순례를 떠나게 되었다.

길을 가는 도중에 앞서 걷던 남편은 우연히 아름다운 다이아몬드가 땅에 떨어져 있는 것을 보게 된다. 그것을 보는 순간, 그는 자기 아내가 보면 욕심이 생길 거라는 생각이 들어 다이아몬드를 얼른 땅속에 묻으려 했다.

그때 아내가 쫓아와서 무엇을 하느냐고 물었다. 남편은 아무것도 아니라고 얼버무렸다. 하지만 눈치 빠른 아내는 미처 땅에 묻히지 못한 채 번쩍이는 다이아몬드를 보고 남편의 속내를 다 꿰뚫고 있다는 듯이 말했다.

"당신이 다이아몬드와 먼지를 구별한다면 왜 속세를 버리셨죠?"

인도의 구루인 바바 하리다스의 산문집 속에 나오는 이야기다.

이 이야기는 인간이 물질의 속박을 벗는 일이 얼마나 어려운 일인가를 넌지시 일러준다. 자발적으로 속세를 버리고 영적 순례를 떠난 이라면 더 이상 다이아몬드와 먼지를 분별하지 말아야 한다. 그런 분별이 남아 있는 것은 물질에 대한 애착이 남아 있다는 증거다. 물질에 대한 애착을 넘어선 이에게 다이아몬드는 먼지에 불과할 것이다.

하지만 우리가 속세에 몸 붙여 살면서 다이아몬드를 먼지로 볼 수 있는 시력視力을 어떻게 지닐 수 있을까.

우리가 이런 시력을 지니기 위해서는 먼저 이 세상의 삶이 무상하다는 것을 깨달아야 한다. 자본주의를 신봉하는 이들처럼 '소유하라'는 오직 한 음성에만 반응하며 사는 사람은 그런 시력을 지닐 수 없다. 설사 종교인의 명찰을 가슴에 달고 있더라도!

이런 사람들은 마치 누에고치와도 같다. 누에들은 자신이 원할 경우 자기가 지은 고치를 뚫고 나올 수 있다. 그러나 스스로 고치를 지었기 때문에 그것에 집착한 나머지 대부분의 누에들은 고치를 떠나지 못하고 그 안에 갇혀서 죽고 만다. 세속적 욕망에 갇힌 혼들은 바로 이 누에들과 같다.

드물게 고치를 뚫고 나와 나방으로 변하는 누에와 같은 이들이 있는데, 영적으로 깨어 있어 물욕에 대한 집착이 덧없다는 것을 아는 이들이다. 이런 혼들은 이 세상의 삶이 무상하다는 것, 그리고 동시에 자기가 곧 불멸의 생명[하나님]에 속한 존재임을 안다.

모름지기 우리가 이 세상에서 알아야 할 지식 가운데 이보다 더 신성한 지식이 있을까.

누가 뻐꾸기시계를 숲에 달아놓았지?

여름은 저 시간 바깥으로 사람들을 불러낸다. 가마솥더위에 엿가락처럼 늘어진 이들은 서늘한 계곡이나 산을 찾아 보따리보따리 싸 짊어지고 대탈출을 감행한다.

서울에서 친구 가족이 피서 차 내려온 날, 치악산은 마침 소나기 내린 뒤끝이라 뿌옇게 피어오르는 실비단 안개에 휩싸여 있었다. 안개 걷히고 나면 하얀 이마를 벗겨 댈 듯 따가운 불볕이 기총 소사를 멈추지 않겠지만, 친구 가족과 함께 이끼 한 점 끼지 않는 서늘한 청정 계곡에 들었으니 그도 딱히 염려할 게 없었다.

여덟 살배기 사내아이와 친구는 어느새 웃통을 벗어부치고, 여인네들은 하얀 종아리와 허벅지가 드러나도록 핫팬티 차림이 되었다. 오, 야시시해라!

그러더니 이내 맑은 계곡 물 속에 첨벙 뛰어 들어가 어른 아이 할 것 없이 물장구를 치고 노는데, 그 즐거워하는 모습이 물땅땅이들만 같았다.

한참을 첨벙첨벙 더위를 식히고 물가 너설바위에 나와 앉아 수박을 쪼개 먹는데, 건너편 소나무 숲에서 문득 시간의 엿가락을 제멋대로 늘였다 줄였다 하는 뻐꾸기 소리가 낭랑하게 들려왔다.

뻐꾹, 뻐꾹, 뻑, 뻐꾹…….

그때 여덟 살배기 친구의 아들 녀석이 뒤늦게 물에서 나와 수박 한 쪼가리를 얻어 까만 씨앗을 퇴! 퇴! 뱉으며 어른들 말씀에 버르장머리 없이 끼어들었다.

"아빠, 저거 뻐꾸기 소리 맞죠?"

아이 아빠가 대견한 듯이 대거리를 해 넘긴다.

"그럼, 그럼. 뻐꾸기 소리 맞고말고!"

"아빠, 그럼 누가 뻐꾸기시계를 나무에 가져다 달아 놓은 모양이죠?"

헐! 아이의 하는 말을 듣고 하도 기가 막혀 키들거리고 웃자, 친구는 좀 민망한지 눈꼬리를 치켜세우며 제 아이를 나지막이 타이른다.

"뻐꾸기시계에서 나는 소리가 아니고 저건 진짜 뻐꾸기 우는 소리란
다."

"진짜 뻐꾸기라구요?"

히히, 그 정도면 네 아들 녀석 정체를 단박 알아보겠구나, 서울 촌놈!
그래도 난 그런 말은 입 안에 고이 가둬 둔 채 키들키들 웃기만 했다.

훨훨 날아다니는 산 뻐꾸기를 본 적이 없는 아이는, 농 아닌 진담으로
우리 어른들을 가슴 아프게시리 웃겨버렸던 것이다.

인공 소재로 잘 빚어 놓은 조화造花를 생화生花로 착각하듯이, 뻐꾸기시
계 속의 뻐꾸기 소리를 진짜 뻐꾸기 소리와 착각하게 만든 이 가짜가 판
치는 시절. 우리는 알몸의 대자연에서 가식 없는 알몸이 되어서도 가짜
에 속은 아이 때문에 가슴 짠한 실소失笑를 머금을 수밖에 없었다.

허허, 그럼 가짜에 속아온 우리도 가짜가 아닐까.

나는 그날 친구 아이가 던져 준 화두를 안고 돌아와 소여물 씹듯 며칠
을 곱씹었다. 내 앞에 있는 물상이나 소리를 그 있음 자체로 보거나 들
을 수 있을까.

오래 전에 읽고서 노트에 끼적거린 조선 시대의 선비 연암 박지원이 남긴 글이 내 가슴을 짓누르는 화두에 작은 빛을 던져 주었다.

하루는 화담 서경덕 선생이 밖에 나갔다가 길에서 울고 있는 이를 만났다.

"어쩐 일로 그대는 울고 있는가?"

화담 선생의 물음에 그가 울먹이는 음성으로 대답했다.

"저는 세 살에 눈이 멀어 사십 년간을 소경으로 살았으나, 제 손과 발을 눈으로, 제 코와 귀를 눈으로 알며 아무 불편함을 모르고 살았지요. 그런데 어느 날 길을 가다가 갑자기 눈이 열렸답니다. 그러자 평온하던 세계는 일순간에 혼란에 빠지고 말았지요. 제 눈을 대신하던 손과 발, 코와 귀는 아무 소용이 없는 물건이 되어 버리고, 아직 내 것이 아닌 내 눈은 온통 마음에 의심만을 일으켜 이 골목이 저 골목 같고 이 대문이 저 대문 같아 제 집조차 찾을 수 없게 되어 버렸습니다."

말하자면 그는 눈을 뜨는 순간 오히려 눈이 멀어, 자신의 정체성에 심각한 위협을 받는 지경에 이르게 되었다는 것. 이에 망연자실 집으로 돌아갈 길조차 잊고 길가에 서서 울고 있었던 것이다. 눈을 떴으되 그 눈이 아무 소용이 없으니 말 그대도 '눈뜬장님'이었다.

이 사연을 들은 화담의 처방은 뜻밖에 간단했다.

"도로 눈을 감으시게. 바로 거기에 그대 집이 있을 것이네."

화담 선생의 말인즉슨, 눈으로 보려 들지 말라는 것. 네 눈에 현혹되지 말고 차라리 네 지팡이를 믿어라, 소경이었을 때도 불편함이 없던 세계, 아무 걸림이 없던 세계로 돌아가라는 것이다.

이때 다시 눈을 감는다는 것은 '명심'冥心의 상태로 돌아감을 이르는데, '명심'이란 속된 생각을 끊어 마음을 고요하게 지니는 것, 즉 마음눈心眼의 열림을 가리킨다.

사실 우리는 흰자위 속의 검은 동공으로 무엇을 보는 게 아니다. 마음눈으로 본다. 술 중독자에겐 술집이 눈에 잘 띈다든지, 병든 사람에게는 약국이나 병원이 눈에 잘 띈다든지 하는 경험을 통해 우리가 무엇을 보는 것은 마음눈으로 보게 된다는 것을 안다.

무엇을 듣는 것도 마찬가지다. 딴 생각을 하고 있으면 바로 눈앞에서 열변을 토하는 감동적인 웅변도 귀에 들리지 않는 법이다. 화담은 그래서 눈을 떴으나 혼란에 빠진 이에게 차라리 눈을 감고 '명심'으로 돌아가라고 이른 것이다.

예수도 실로암 물가에서 진흙을 발라 소경의 눈을 활짝 열어 준 뒤 그

걸 시비하던 무리에게 화담과 비슷한 말씀으로 꾸짖으셨다.

"차라리 눈먼 자가 되었으면 좋으련만. 그랬더라면 너희에게 죄가 없었을 텐데!"

괜히 시비를 걸었다가 도리어 소경 취급을 당한 바리사이들은 육안은 멀쩡했으나 탐심이 눈을 가려 마땅히 보아야 할 눈앞의 진실을 외면했던 것이다. 예수는 그래서 그들에게 장님이 되었더라면 오죽 좋았을꼬, 했던 것이다. 혹 붙이러 왔다가 도리어 '죄인'이라는 호된 책망의 혹을 붙이고 가는 바리사이들의 풀죽은 모습이 눈에 선하다.

친구 가족이 다녀간 뒤, 나는 뻐꾸기시계를 하나 사다가 집에 걸어 놓기로 했다. 저 시간 바깥, 맑은 계곡에서 듣던 진짜 뻐꾸기 소리를 쏙 빼닮은 뻐꾸기 우는 소리를 듣고 싶어!

그리하여 비록 가짜지만 뻐꾸기가 뻑, 뻐꾹, 울 때마다 '도로 눈을 감아라, 도로 귀를 닫아라!' 하는 말씀을 자근자근 되씹으며 영혼의 맑은 눈, 어둡지 않은 귀로 살기를 비나리하리라.

야생초 같은
예수의 젊음을

매일같이 집 뒤로 난 산길을 오른다. 겨울 산길은 한적하다. 인적이 드문 산길을 오르며 나는 구름을 벗 삼기도 하고, 푸른 허공에 둥지를 틀고 사는 산새들을 벗 삼기도 한다.

물푸레나무 참나무 같은 활엽수 군락에 난 오솔길을 따라 산 중턱까지 오르면 소나무 군락이 나타난다. 헐떡헐떡 숨이 차올라 소나무 아래 앉거나 벌렁 누우면, 사시사철 푸르른 솔빛이 하늘 가득 펼쳐져 있다.

계절이 바뀌어도 늙지 않는 저 푸르른 솔빛, 늙지도 쇠하지도 않는 영원히 젊은 창조주 하나님을 닮았나 보다. 내가 소나무 숲을 좋아하는 까닭이다.

소나무 숲 아래 앉아 눈을 감고 있으면 솔바람 솔향기가 온몸을 감싸고돈다. 피조물을 일컬어 '하나님의 연인'이라고 한 수도자가 있지만, 나는 솔향기를 솔솔 내뿜어 내 존재를 감싸는 소나무에게서 하나님의 사랑의 숨결을 느끼곤 한다.

어찌 소나무뿐이랴. 맑은 새소리와 구름과 바위와 계류에 흐르는 물소리에서도 나는 하나님의 생동하는 기운을 느낀다. 한적한 숲길에서 만나는 날짐승들의 발자국과 동글동글 싸 놓은 배설물에서도 하나님의 자취를 느낀다.

산에 들면, 무릇 하나님의 형적形迹 아닌 것이 없다. 한가로움이 주는 값없는 선물이다.

중국의 시인 소동파의 〈적벽부〉에 나오는 시 한 수가 문득 떠오른다.

저 강상江上의 맑은 바람과 산간山間의 밝은 달이여,

귀로 듣노니 소리가 되고 눈으로 보노니 빛이 되도다.

갖고자 해도 금할 이 없고 쓰자 해도 다 할 날 없으니

이것이 조물주의 무진장無盡藏이다.

그러나 이 무진장한 바람과 달빛도 사람이 그 무언가로 가득 차 있다면 스며들 길이 없다. 숱한 물物에 대한 집착과 탐심에 사로잡혀 있다면, 저 공짜 바람 공짜 달이 주는 무량의 기쁨도 누릴 수 없다.

사람들은 왜 이런 물외物外의 한가로움에 잠기지 못할까. 너나없이 흔한 것을 귀하게 여기지 않기 때문이다. 딱하게도 사람들은 흔치 않은 것을 귀하게 여긴다.

자본의 노예가 되어 금화 같은 것만을 귀하게 여기는 탐욕스런 마음으로는 청풍명월淸風明月이 베풀어 주는 한가로움을 맛볼 수 없다. 청풍명월만큼 흔하고 흘러넘치는 게 없는데도 말이다.

때때로 이런 한가로움을 누릴 수 없다면, 우리의 영혼은 고갈되고 탈진하고 만다. 탈진한 사람이 어찌 사랑으로 타인을 보듬어 안을 수 있으며, 더욱이 그런 틈 없는 가슴에 하나님인들 끼어드실 수 있겠는가.

나는 켈트족 출신의 작가 존 오도나휴가 들려준 아름다운 이야기를 기억한다.

아프리카를 탐험한 한 남자의 이야기다. 그 남자는 짐을 운반하는 서너 명의 아프리카 짐꾼들을 데리고 정글 속을 여행하고 있었다. 그들은 쉬지 않고 3일 동안을 걸었다.

사흘째 되는 날, 이 아프리카 짐꾼들은 갑자기 자리에 주저앉아 움직이려 하지 않았다. 그는 그들에게 일어나라고 소리치면서 정해진 날짜까지 목적지에 도착해야만 하는 자신의 사정을 이야기했다.

하지만 그들은 그 자리에서 꼼짝도 하지 않았다. 남자는 이해할 수 없었다. 한참을 설득했지만 여전히 움직이기를 거부했다. 마침내 그는 그들 중 한 사람에게 이유를 말해 보라고 다그쳤다.

한 짐꾼이 대꾸했다.

"우리는 이곳까지 너무 빨리 왔습니다. 이제 우리의 영혼이 우리를 따라올 시간을 주기 위해 기다려야만 합니다."

이 이야기는 우리가 생동하는 삶을 살기 위해서는 한가로움을 회복하지 않으면 안 된다는 것이다.

중세의 수도자 마이스터 엑카르트도 우리 영혼의 주인이신 하나님의 본성을 '안식'이라고 갈파했다. 사람이 그분의 형상을 따라 지어졌다면, 사람의 본성 역시 안식일 것이다. 내가 한적한 숲을 자주 찾아드는 것도 내 본성의 갈망을 따른 것이고, 사람들이 분주함을 피해 자기 영혼이 쉴 곳을 찾아드는 것도 본성의 갈망 때문이 아니겠는가. 사람이 이런 본성을 거역하고 경마장의 트랙을 도는 말처럼 질주하고 또 질주하는 삶을 산다면, 어찌 주인의 뜻을 헤아릴 줄 아는 하나님의 사람이라 할 수 있겠는가. 수도자는 거듭해서 말한다.

"안식보다 더 값진 것이 없으니, 그것 외에는 아무것도 구하지 말라. 하나님은 철야와 단식과 기도와 모든 형태의 고행을 거들떠보지도 않으시고, 오직 안식만을 거들떠보신다. 하나님은 우리가 고요한 마음을 바치는 것 외에는 아무것도 필요로 하지 않으신다."

그렇다. 우리는 식탁 위에 차려진 양식만 먹고는 살 수 없다. 우리는 한적한 솔숲의 푸른빛도 먹어야 살며, 숲의 적막을 깨는 청량한 새소리도 들어야 살며, 일상의 타성과 고정관념을 깨는 시 읊는 맑은 소리에도 귀 기울여야 살 수 있다.

또한 시간과 달력의 횡포에서 벗어나 우리 영혼을 살찌울 숲의 한적, 바위의 침묵, 낮은 곳으로 흐르는 물의 고요도 먹어야 살 수 있다.

사마리아 땅에서 우물가의 여인을 만난 예수가 제자들에게 "나에게는 너희가 알지 못하는 양식이 있다"고 했는데, 예수가 말한 그 비밀스런 양식이 혹 이런 것은 아니었을까.

그런 비밀스런 양식을 먹었기에 예수는 야생초 같은 푸른 영혼의 젊음을 누릴 수 있지 않았을까. 세상에 늙은 나무란 없듯이 영원히 젊은 창조주와 한통속으로 어울렸기에 그토록 풋풋한 젊음을 꽃피울 수 있지 않았을까.

오늘도 나는 한가롭게 산행을 즐기며 자연스레 이런 묵상에 잠겨들었다. 그리고 느낄 수 있었다.

느리고 더딘 내 발자국에 포개지는 그분의 고요한 자취를!

제 2 부

비움을 배우는 지구학교

단 한 번밖에 없는 생,
어디로부터 왔는지 어디로 돌아가야 하는지를
아는 존재로 살아야 하지 않겠는가.
온 곳을 알고 돌아가야 할 곳을 안다면,
이런 자각이 또렷하다면,
예수와 같은 패일 것이고 하나님과 한 핏줄일 것이다.
온 곳을 알고 돌아가야 할 곳을 아는 자는 기꺼이 자기를 비울 수 있고,
하나님 한 분으로 만족할 수 있으리라.
예수는 이런 인간의 본분을 가르치려고
우리보다 먼저 지구별에 오셨고,
우리는 그것을 배우러 이 지구학교에 보냄을 받았다.

당신은 어느 쪽인가

세상에는 두 부류의 사람이 있다. 엘러 휠러 윌콕스의 〈당신은 어느 쪽인가요〉라는 시에 나오는 이야기다. 부자와 빈자? 아니다. 한 사람의 재산을 평가하려면 그의 양심과 건강 상태를 먼저 알아야 하니까. 겸손한 사람과 거만한 사람? 아니다. 짧은 일생에서 잘난 척하며 사는 이는 사람으로 칠 수도 없으니까. 행복한 사람과 불행한 사람? 역시 아니다. 유수 같은 세월 누구나 웃을 때도, 눈물 흘릴 때도 있으니까. 그러면 시인이 말하는 두 부류는?

당신은 어느 쪽인가요? 무거운 짐을 지고

힘겹게 가는 이의 짐을 들어주는 사람인가요?

아니면 남에게 당신 몫의 짐을 지우고

걱정 근심 끼치는 기대는 사람인가요?

　시인은 사람을 '짐 들어주는 자'와 '비스듬히 기대는 자'로 분류한다. 표현은 조금 다르지만 예수께서도 비슷하게 말씀하셨다. 세베대의 두 아들 야고보와 요한이 '주님께서 영광 받으실 때에 우리에게도 최고 영광의 자리에 앉게 해 달라'고 했을 때, 예수는 정색을 하며 말씀하신다. "나는 섬김을 받으러 온 것이 아니라, 섬기러 왔다." 아마도 생뚱맞은 기대를 품고 있던 야고보와 요한은 이 말씀을 듣고 찬물을 뒤집어쓴 듯 가슴이 서늘했을 것이다. 아무튼 예수는 사람을 '섬김을 받는 자'와 '섬기는 자'로 나누신다. 당신은 어느 쪽인가?

　당신이 진정한 그리스도인이라면 어느 쪽을 선택할지는 너무 자명하다. '섬기러 왔다', 이 말씀보다 예수를 따르기로 작정한 이의 삶의 본질을 잘 드러내 주는 말씀은 따로 없기 때문이다. 사실 지구별에 순례자로 와 살다 간 예수의 삶의 여정은 무척 짧았다. 그러나 예수는 그 짧은 여정 속에 무엇이 진정으로 섬기는 자의 삶인지, 남의 짐 들어주는 이의 삶인지 당신의 몸으로 잘 보여 주셨다.

그것은 "한 송이 꽃도 하나님 안에서 존재를 얻는다"(마이스터 엑카르트)
는 뚜렷한 자각이 그분 속에 생동하고 있었기 때문이다. 당신 자신이 우
주의 꽃이듯이, 세상 모든 존재가 하나님 '안' 에서 비롯된 우주의 꽃이
라는 자각 말이다. 하나님 '안' 에 있는 것들 가운데 하찮은 미물이란 없
고, 하찮은 사람도 있을 수 없다는 것. 빈부귀천貧富貴賤 같은 것으로 사람
을 분류하는 것은 예수의 인생사전에서는 도무지 찾아볼 수 없지 않은
가. 어쩌면 예수의 일생은 그런 허튼 분류법을 혁파하는 것이었다고 해
도 과언이 아니다.

예수가 가까이 사귀었던 사람들의 면면을 보라. 갈릴리 바닷가에서
생계를 꾸려 가던 가난한 어부들, 로마의 앞잡이라고 동족의 손가락질
을 받던 세금 징수원, 당시 종교 지도자들에게 죄인으로 분류되던 창녀
나 술주정뱅이들, 유대인들에게 개 취급을 받던 사마리아 사람을 비롯
한 숱한 외국인 등이 품 큰 예수의 사랑을 받았다.

이런 아름다운 사귐은 하나님 안에서 만물은 평등하며 만물은 하나님
자신이기도 하다는 의식이 없으면 불가능한 일이다. 평등심平等心, 그것
은 당신의 피조물을 고르게 사랑하는 하나님의 마음이며, 빈부귀천을

떠나 모든 사람을 정답게 대하는 그리스도의 마음이다. 이 그리스도의 마음을 품은 자에게는 공작새와 참새가 똑같이 고귀하며, 값비싼 난초와 흔해 빠진 개망초가 똑같이 소중하다.

평생을 빈민과 고아와 버려진 노인들을 극진한 마음으로 공경하고 살던 마더 테레사 수녀가 그랬던가. 자기 눈에는 그들이 '그리스도'로 보인다고. 그러니까 세상에 천덕꾸러기로 버려진 그들이 사랑스러운 것은, 버려진 그들의 가련한 겉모습에 대한 단순한 연민이 아니라 그들 속에 살아 계시는 그리스도가 사랑스러웠던 것이다.

이것은 인도의 고전인 〈우파니샤드〉에 나타난 통찰이기도 하다. 야자발키야라는 성인이 이제 죽음의 때를 준비하기 위해 숲 속으로 홀연히 만행을 나서면서 자기를 따라나서겠다는 아내 마이트레이에게 이렇게 말한다.

"마이트레이여, 내가 그대를 사랑하는 것은 그대가 지닌 사랑스러움 때문이 아니라 그대 안에 있는 아트만의 사랑스러움 때문이라네."

여기서 '아트만'이라는 산스크리트어는 '참 자아' 혹은 '불멸의 신성'으로 이해하면 된다. 아내든 혹은 그 누구든 우리가 사랑하는 것은 그 존재 속에 깃든 '신성한 원본'原本 때문이라는 것이다. 기독교적인 맥

락에서 이해하면 우리가 이웃을 사랑해야 할 까닭은 그들이 온 생명의 뿌리인 '하나님'에게 속해 있기 때문이다. 그가 망나니든 성인이든 하나님에게 속하지 않은 존재는 없다. 적어도 그리스도인은 바로 이러한 평등심을 내면화한 사람이다. 평등심이 없으면 그 누구도 그리스도의 제자직을 올바로 감당할 수 없다.

예수께서는 평등심을 상실한 자들에 대해 마음 아파하시며 이렇게 당부하셨다.

"하나님을 모르는 통치자들이 얼마나 위세를 부리는지, 사람들이 작은 권력이라도 얻으면 거기에 얼마나 취하는지 너희는 보았다. 너희는 그래서는 안 된다. 누구든지 크고자 하면 섬기는 사람이 되어야 한다." (막 10:42~43, 유진 피터슨 역)

하나님을 모르는 세속의 통치자들이야 어쩔 수 없더라도 소위 교회 지도자들은 어떤가. 한 국가를 통치하는 권력에 비하면 미미하기 짝이 없지만, 그 권력에 취한 행태는 다르지 않다. 권력을 얻기 위해서 이전투구 하는 모습은 정말 꼴불견이다. 섬기는 자의 모습, 짐 들어주는 자의 모습은 아예 없다. 권력, 명예, 금화 따위를 지푸라기 정도로 여기던 예수의 고매한 정신은 어디에서도 찾아볼 수 없다. 말하기조차 쑥스러운 노릇이지만, 주님의 교회에 의해 주어지는 직분은 성스러운 것이다. 그러나 우리는 이 성스러운 직분에 대해 오해하지 말아야 한다.

우리가 교회에서 받은 어떤 직분이 우리를 성스럽게 하는 것이 아니라, 우리의 성스러운 삶이 우리의 직분을 성스럽게 한다는 사실이다. 그러니까 우리가 목사든, 장로든, 감독이든, 어떤 직분이든 그 직분이 우리를 성스럽게 만드는 것이 아니라 우리의 성스러운 삶이 그 직분을 성스럽게 한다는 것이다. 다시 말하면 그 존재가 그 행위를 결정한다는 말이다.

어떤 수도승의 말처럼, 거룩의 바탕을 그 행위에다 두지 말고 그 존재에다 두라는 말이 곧 그것이다. 도둑의 마음을 가진 사람은 도둑질을 할 것이고, 성자의 마음을 지닌 이는 자비를 베풀 것이다. 소위 성직을 맡은 사람일지라도 그 존재가 장사꾼의 마음을 지니고 있다면, 그 성직을 돈벌이의 도구로 이용하지 않겠는가. 예루살렘 성전에 올라가신 예수가 도둑의 굴혈이 된 성전을 정화하신 사건이 그것을 잘 보여 주고 있다. 하지만 예수가 눈에 보이는 성전을 정화하려 했다기보다는 그 성전에서 거룩한 직분을 빙자하여 자기 자신 - 하나님이 계신 성전 - 을 더럽히던 유대 종교 지도자들의 존재를 정화하려 하셨던 것이다. 존재의 정화란 그 부르심의 뜻에 응답했던 첫 마음으로 돌아가는 것을 말한다.

첫 마음, 곧 자기 존재의 뿌리를 회복한 자라야 섬김의 직분을 온전히 감당할 수 있다. 가을볕에 잘 익은 열매라야 생명의 밥상에 오를 수 있는 것처럼 그 존재가 잘 여물어 간 이라야 하늘나라 일꾼 노릇을 제대로 할 수 있지 않겠는가. 무릇 성사聖事는 성인에게서 흘러나오는 법. 도둑에게서 성사가 흘러나올 수는 없다.

시인의 말처럼 남의 짐 들어줄 수 있는 사람은, 이기심의 짐을 줄이고 줄여 여력餘力이 있는 사람이라야 한다. 남보다 더 갖기 위해 다투고 무한 경쟁의 대열에 앞장선 사람 속에 여력이 비축되어 있을 순 없다. 여력이 없으면 남의 짐을 맡아 들고 가기는커녕 오히려 남에게 걱정 근심의 짐만 더하는 존재가 되고 말 것이다.

가을이 깊어가는 지금은 추수 때다. 하지만 추수할 일꾼이 부족하다. 섬기는 일꾼, 남의 짐 들어주는 일꾼 말이다. 우리가 속한 교회에 사람이 넘쳐나도 일꾼이 부족할 수 있다. 왜 그럴까. 에베소 교회에 주님이 하신 말씀처럼 '처음 사랑' 을 버린 사람들 때문이다. 세베대의 두 아들처럼 그물을 내던지고 씩씩하게 따라나서던 존재가 세속의 영광을 바라는 비루한 존재로 변해 버렸기 때문이다. 하나님 없으면 못 살 것 같던 순수한 존재가 권력과 명예와 돈에 맛들인 탐욕스런 존재로 변질되어 버렸기 때문이다. 가슴에 단 명찰은 그리스도인이지만 그 사람 됨됨이는 하나님 없이도 살 수 있는 뻔뻔한 존재로 바뀌었기 때문이다. 가난하고 병들고 소외된 존재를 섬긴다는 말은 겉으로 드러난 현란한 무늬일 뿐이고, 그 내실은 회칠한 무덤이 되어 있기 때문이다. 그러나 돌이킬 기회가 전혀 없는 건 아니다.

"다시 돌아오너라. 너의 소중한 처음 사랑을 회복하여라! 우물쭈물할 시간이 없다. 이제 내가 그 금 촛대에서 네 빛을 없애 버릴 것이기 때문이다." (계 2:5, 유진 피터슨 역)

권유와 경고가 겹쳐진 이 말씀에서 우리는 주님의 극진한 사랑을 읽는다. 무관심이 아닌 사랑 말이다. 진정한 섬김은 여기까지 가야 한다. 누군가 '보듬어 안는 것이 혁명'이라고 했는데, 예수는 십자가상에서조차 자기를 못 박는 이들을 향한 측은지심을 잃지 않으셨다. 자기를 박해

하는 이들마저 사랑으로 보듬어 안아 섬김의 본을 보여 준 것이다. 본을 보이기 위한 본이 아니라 섬김이 그분의 삶의 본本이었기 때문이다. 그리스도인은 예수가 보여 준 그 본을 삶의 본으로 삼는 이들이다. 그것을 내 삶의 본으로 여기면 치렁치렁한 머리칼도 내 머리칼이기에 무겁지 않듯이 타인의 짐도 내 짐처럼 가볍게 지고 갈 수 있지 않겠는가.

언제까지나 우리 곁에 있기를

혹한의 추위가 살갗을 에어 낼 듯 옷깃 속으로 파고든다. 아침에 일어나면 창문에는 성에꽃이 하얗게 번져 있고, 처마 끝에도 굵은 고드름이 주렁주렁 매달려 주렴을 드리운다.

인터넷 창에도 혹한의 북풍은 사납게 몰아친다. 보이지 않는 것들이 보이는 것들을 삼켜 얼음구덩이 속으로 쓸어 넣는 기사들. 연일 창마다 떠서 우리 가슴을 저민다. 보이는 것들이 무서운 것이 아니다. 보이지 않는 것들이 더 무섭다. 보이지 않는 바이러스가 발굽 갈라진 것들을 떼로 삼키는 재앙! 소, 돼지, 사슴 같은 것들뿐 아니라 하늘을 날아다니던 것들, 물에 살던 것들도 왠지 이 시절의 무참한 재앙에서 비켜서 있지

않다. 천 마리가 넘는 새떼가 까닭을 알 수 없이 죽어서 추풍낙엽처럼
하늘에서 떨어지고, 강에서는 수천 마리 물고기들이 까닭을 알 수 없이
죽어서 허연 배를 까뒤집고 누워 있다. 까닭을 알 수 없는 재앙, 묵시록
에서나 읽었음 직한 재앙이기에 더욱 섬뜩하다.

　언제까지나 우리 곁에 있을 거라 여겼던 것들이, 언제까지나 우리 곁
에 있지 않을 수도 있을 거란 불안이 비등하고 있는 이즈음이다. 오늘
아침 이런 재앙을 예견한 듯한 시詩 한 수를 찾아 읽었다.

　아침잠을 깨우는 수다스런 새들
　언제까지나 우리 곁에 있기를.
　못 생긴 언덕에 핀 끈적끈적한 꽈리꽃
　언제까지나 우리 곁에 있기를.
　일찍부터 웃자란 맛이 쓴 상추
　언제까지나 우리 곁에 있기를.

　거대한 열대 우림의 침묵
　오지에 사는 사람들의 소박하고 단순한 생활

언제까지나 우리 곁에 있기를.

푸른 바다에서 몸을 뒤채는 거대한 고래들의 짝짓기

언제까지나 우리 곁에 있기를.

물을 튀기는 바닷새들의 서투른 날갯짓

언제까지나 우리 곁에 있기를.

우주 공간의 무수히 많은 별들을 바라보며 놀라워하는

인간의 경이에 찬 눈동자

언제까지나 우리 곁에 있기를…….

— 다이앤 디 프리마, 〈언제까지나 우리 곁에 있기를〉 부분

시인은 언제까지나 우리 곁에 있던 것들이, 언제까지나 우리 곁에 머물지 않을 거란 불길한 예감 때문에 이런 시를 쓴 것일까. 언제나 우리 곁에 있기를 바라던 것들이 이미 우리 곁에서 사라져 버린 생물종들도 있다. 사실 이건 재앙의 전주곡에 불과한지도 모른다. 탐욕스런 인간의 손으로 멸종시킨 큰바다쇠오리, 도도새, 스텔라바다소 같은 생물의 멸종은 그 전주곡에 불과할지도 모른다.

지금 이 땅엔 발굽 갈라진 것들이 우리 곁에서 떼로 사라지고 있는데,

이것 역시 그 전주곡에 불과한지도 모른다. 나는 생물 멸종의 역사나 미래를 연구하는 사람이 아니므로 그 재앙의 여파가 얼마나 더 무섭게 번져 갈지 알지 못한다.

다만 언제나 우리 곁에 있어야 할 것들이 우리 곁에서 사라질 때 그것은 사라지는 것들의 재앙일 뿐 아니라 아직 살아남아 있는 인류의 재앙이기도 한 것이다. 언제나 우리 곁에 있어야 할 것들이 사라지며 겪는 고통은 그들만의 고통이 아니라 고스란히 인간의 고통으로 되돌아올 거라는 것.

언제까지나 우리 곁에 있어야 할 것들이 있어서 인간종도 있는 것인데, 언제까지나 우리 곁에 있어야 할 것을 우리 손으로 사라지게 하면 인간종도 곧 사라질 거라는 것. 우리 곁에서 노래하던 새가 사라지고, 꽃들과 유희하며 붕붕거리던 벌나비들이 사라지고, 개울과 강과 바다를 둥지 삼아 살던 물고기가 사라지고, 소나 돼지, 꽃사슴, 닭과 오리들이 사라지면 이 숱한 생물의 살과 피와 노래와 숨결에 잇닿아 겨우 존재하는 인간종 역시 사라질 것은 너무도 자명하지 않은가.

그럼에도 우리는 "나무에 앉아 자신이 앉아 있는 가지를 톱으로 자르는"(베르톨트 브레히트) 사람처럼 어리석음에서 아직 깨어나지 못하고 있다. '쿵 하는 소리와 함께' 떨어지고 나서야, 저 멸망의 나락으로 떨어지고 나서야 정신을 차릴 것인가.

늦기 전에, 더 늦기 전에 우리는 깨어나야 한다. 바울 사도의 말처럼 우리는 '사멸의 종살이에서 해방'(롬 8:21~22)되기를 고대하며 '신음' 하는 피조물의 아우성에 귀를 기울여야 한다. 일찍이 중세의 한 신비가는 하나님이 창조한 피조물들이 인간과 다름없이 존귀하다는 것을 이런 은유로 표현했다.

> "비록 하찮은 벼룩일지라도, 그것이 하나님 안에 있다면 그것은 천사보다 고귀합니다. 하나님 안에서 만물은 평등하며, 만물은 하나님 자신이기도 합니다." (마이스터 엑카르트)

우리 곁에 있는 물상 가운데 하찮은 존재는 없다는 것. 벼룩처럼 하찮아 보이는 존재조차 '하나님' 안에 있기 때문이다. 인간이 단지 먹거리로 여겨온 소, 돼지, 닭, 오리 등도 하나님 안에서 평등하며, 그들은 '하나님 자신'이기도 하기 때문이다. 그러니까 우리가 소, 돼지, 닭, 오리를 먹는 것은 곧 '하나님'을 먹는 것이기도 하다. 우리가 하나님을 공경한다면 소, 돼지, 닭, 오리 등도 하나님처럼 공경받아 마땅한 생명이라는 것. 이런 근친近親의 자각이 인간 속에 싹트지 않는다면 인간종의 미래는 담보할 수 없다.

몹쓸 역병에 걸린 동물들을 얼음구덩이 속에 쓸어 넣고 나서 자식을 묻은 것처럼 통곡하고 위령제를 지내주었다는 이 땅의 농심農心. 이 순수한 농심이야말로 우리 조상들이 대대로 이어온 천심天心이 아니겠는가. 해와 달과 별들을 조성하시고, 땅에 돋아나는 푸른 식물과 물과 뭍과 공중에 헤엄치고 기어 다니고 날아다니는 동물들을 지으시고, 마지막으로 사람의 생명을 지으신 분이 '보시니 좋았더라!' 하셨다는데, 우리가 정녕 하나님을 공경한다면 이런 절대 긍정의 천심을 지녀야 마땅하지 않겠는가.

유대교의 한 기도문에는 창세기의 기록과 달리 이런 이야기가 숨어 있다. 하나님은 이 세상을 창조하기 전에도 다른 여러 세상을 만들어 보았으나 마음에 들지 않아 곧 부숴 버리셨다. 그리고 마침내 지금의 이 세상을 만들고는 아담에게 당부하셨다.

"이것이 내가 만드는 마지막 세상이 되리라. 이 아름다운 세상을 그대에게 주노니 잘 돌보고 함부로 파괴하지 말라. 그대는 최선을 다해 이 세상을 잘 보존하라."

아담의 후예인 우리는, 이런 하나님의 당부를 헌신짝처럼 내던져 버렸다. 하나님의 형상으로 지어졌다는 사실을 망각하고 하나님 없이 사는 탕아가 되어 버렸다. 예수의 비유에 나오는 탕아는 돌아갈 곳이 있었지만, 하나님 안에 있는 것들을 마구 파괴해 버린 탕아라면 그 어디로 돌아갈 것인가. 몸(肉)을 입은 하나님이 오셔서 머무시던 곳, 그 아드님이 거닐며 자비로 일구어 놓은 땅, 이 하나밖에 없는 어머니 지구를 다 파괴해 버린다면, 그때 우리는 어디에서 하나님이 주신 생명을 이어갈 것인가.

교회는 우리 안에 깃든 하나님의 숨결(성령)을 기억하게 만들고, 우리가 궁극적으로 돌아갈 곳은 다시 그 숨결뿐임을 날마다 깨우치는 곳이어야 한다. 그러나 오늘의 교회는 하나님의 숨결을 질식시키고 육체의 소욕만을 살리는 데 앞장서고 있는 것처럼 보인다. 조심스러운 표현이지만, 오늘의 교회는 천민 자본의 노예들을 양산하는 큰 공장처럼 여겨지기도 한다.

천민 자본의 노예가 되어 버리면 하나님은 안중에도 없다. 하나님은 거추장스런 장식일 뿐. 하나님을 거추장스런 장식쯤으로 여기는 이가 하나님 '안' 에 있는 것들을 파괴하는 것은 어려운 일이 아니다. 자본을 축적하는 일에 애면글면하는 사람이라면, 하나님의 몸인 지구 어머니를 괴롭히는 일쯤은 아무것도 아니다. 심지어 강, 산, 나무, 동물, 식물 등 지구 어머니가 낳은 자식들을 아무런 죄의식조차 없이 살해하고, 그 대량 살상에 서슴없이 가담하기도 하지 않던가. 지구 어머니를 괴롭히고 지구 어머니가 낳은 자식들을 냉대하는 것은 하나님을 괴롭히고 하나님을 냉대하는 일이다.

이제 우리는 예수가 네 몸 같이 사랑하라며 당부하신 '이웃 사랑' 의 범위를 넓힐 수 있어야 한다. 단지 사람으로 국한해 온 그 계명의 범위를 우리 곁에 있는 만물로 확장해야 한다. 하나님은 만물을 사랑하시되 피조물로 여기지 않고 하나님으로 여겨 사랑하신다고 하지 않는가.

교회 건물의 확장을 하나님 나라의 확장인 양 호도하는 이들은, 이제 만물을 피조물로 여기지 않고 하나님으로 여겨 사랑하시는 하나님의 광활한 사랑에 눈떠야 한다. 그리하여 사람을 포함한 고통받는 피조물, 곧 고통받는 하나님의 몸을 돌보아야 한다. 인간의 원인 제공으로 신음하는 숱한 지구 생명들의 아픔은 곧 하나님의 아픔이기도 하기 때문이다. 하나님의 신성한 자궁에서 태어난 생명들을 돌보는 일보다 이 시대에 더 큰 일이 무엇이 있겠는가.

나는 안으로도 밖으로도 신성하며, 내가 만지는 것, 나를 만지는 모든 것을 거룩하게 만든다. …… 내가 오늘 이 하루보다 하나님을 더 잘 보기를 바라야 할까? 나는 스물 네 시간, 매 시간 하나님에 관해 무엇인가를 보며, 매 순간 남자와 여자의 얼굴들에서, 거울에 비친 내 얼굴에서 하나님을 본다. 나는 하나님에게서 길거리로 떨어진 글자들을 발견하며, 그 모든 글자들에는 하나님의 이름이 새겨져 있다.

미국의 시인 월트 휘트먼의 〈풀잎〉에 나오는 시구다. 남자와 여자에서, 만물에서, 거울에 비친 자기 얼굴에서 '하나님의 얼굴'을 본다는 시인의 섬세한 감각. 우리가 진정 하나님의 형상으로 지음받은 존재들이라면 이런 영적 감수성을 회복해야 하지 않을까. 이런 감수성이 회복될 때 우리는 비로소 우리와 긴밀하게 이어진, 우리를 살아 있게 하는 하나님의 몸인 만물을 향해 '언제까지나 우리 곁에 있기를' 하고 간청할 수 있지 않을까.

마지막으로 시인의 이 곡진한 간청에 기대어 나도 간청해 본다.

권력 다툼과 인기에 눈이 먼

지구 생명을 거덜 내는 정치인들 없이,

천민 자본의 노예로 살기를 부추기는

권력자와 사이비 종교인들 없이,

이 땅의 숱한 피조물을 하나님으로 여겨 사랑하는 이들

언제까지나 우리 곁에 있기를.

지구 생명의 죽음을 앞당기는 역병보다 무서운 인간의 탐욕과

나라 간의 치열한 다툼과 전쟁 없이,

피조물의 신음을 하나님의 신음으로 듣는 귀 밝은 이들

언제까지나 우리 곁에 있기를.

하나님은
명주실로 우리를
당기신다

얼마 전 후배 목사의 방문을 받았다. 봄을 시샘하는 꽃샘바람이 무척 차갑게 느껴지는 날이었다. 우리는 따끈한 찻잔을 마주하고 앉았다. 가만 앉아 있는 후배의 얼굴을 보니, 뭔 일이 있는지 얼굴이 붉으락푸르락했다. 잠시 차를 마시고 있던 후배가 다짜고짜 상담을 하고 싶다고 했다.

"상담? 내 코가 석자인 사람한테 상담은 무슨……."

나는 무슨 일인지 편하게 터놓고 그냥 이야기나 들어보자고 했다. 어, 그런데 이 친구 어깨에 잔뜩 들어간 힘도 빼지 않고 달려들었다.

"저, 목회를 그만 두려고 합니다."

"……."

"요새 돌아가는 교회 꼴이 좀 우습잖아요."

"……."

후배는 대대로 목사를 배출한 가문의 재능과 패기를 겸비한 젊은 목사다. 3대째라든가 4대째라든가. 나는 혼자 속으로 웃었다. 목회를 그만둬? 교회를 떠나? 이 친구에게 교회는 공기 같은 걸 텐데, 공기 없이 살수 있겠어? 하지만 나는 아무 말도 하지 않았다.

후배는 '우스운 교회 꼴'에 대해 저도 알고 나도 알고 땅도 알고 하늘도 아는 것들을 주저리주저리 늘어놓았다. 길어지는 얘기를 경청하면서 자연스레 친구의 눈을 깊이 들여다보았다. 깊은 산속 옹달샘처럼 맑은 친구네. 그래, 그런 분노가 없다면, 그런 거룩한 분노조차 없다면 두터운 각질을 뒤집어쓴 늙은이일 테지. 교활한 여우일 테지. 후배가 들려준 얘기의 요점은 사리사욕에 눈먼 성직자들의 모습이 보기 싫어, 그런 이들과 말을 섞고 숨결을 나누는 것조차 역겨워 교회를 떠나고 싶다는 것.

목사 후배의 얘기가 끝날 즈음, 나는 딱 한 마디만 거들었다.

"지구를 떠나는 게 오히려 쉬울 걸. ㅋㅋ……."

후배를 보내고 가슴이 짠해서 한참 동안 봄풀이 뾰족뾰족 돋는 좁은 마당을 서성였다. 그래, 후배는 공기를 떠나 살 수 없듯, 지구를 떠나 살 수 없듯 교회를 떠나지 못할 것이다. 그처럼 싱싱한 분노를, 생생한 물음을 머금고 있는 한! 하여간 나는 그가 지고 가는 인생의 짐이, 기억의 짐이 가볍기를 빌고 또 빌었다.

우리 스승께서 내 짐은 쉽고 가볍다고 말씀하시지 않았던가. 아주 담담히! 스승인들 당신이 겪어야 했던 삶의 역경과 장애가 우리보다 적어서 그런 말씀을 하신 것이겠는가. 분노, 거룩한 분노를 토해 낼 일 또한 스승의 시대에도 우리 시대보다 적다고 말할 수 없지 않겠는가. 그렇다면 오늘 우리의 정신 상태는 너무 허약해진 것이 아닐까. 이러저런 문제 앞에 직면하려 하지 않고 학습 부진아처럼 도망치려만 하니 말이다.

그것은 우리가 이 문명의 이기와 편리에 너무 깊이 물들어 있기 때문이 아닐까. 어렵고 힘들다고 모두가 아우성이지만, 부익부빈익빈 현상이 점점 지나치다는 생각이 안 드는 것도 아니지만, 한편으로 너무 배부르고 안락함에 길들여졌기 때문일 것이다. 너무 배부르고 안락함에 길들여지면 제정신을 차리고 살기가 어려워진다. 스승을 모해하려는 무리들을 앞에 두고도 잠들어 있던 제자들처럼 수면睡眠에 빠져 '깨어서'

살아야 하는 도리를 망각해 버리고 만다. 이런 도리를 망각해 버리면 우리는 더 이상 스승과 무관한 존재가 되고 만다. 스승의 이름으로 그 이름을 빙자해 그럭저럭 살아갈 수는 있겠지만, 그건 결국 스승을 욕되게 하는 일이다.

초롱초롱 깨어 있는 후배는 그래서 스승을 욕되게 만드는 대열에서 벗어나고 싶다고 하는 건데, 기왕 그런 열정이 살아 있다면 타락한 시류를 거스를 용기를 가져야 하지 않을까. 어떻게 하는 것이 온전히 스승의 뜻을 받드는 것인지, 그것에 열정을 쏟아 부을 수 있어야 하지 않을까. 사실 그날 나는 후배에게 인도의 고전에 있는 한 구절을 들려주었다. 최근에 내가 감명받은 구절이다.

"우리는 과연 자아에 대한 집착에서 벗어났는지, 하나님이 가느다란 명주실로 잡아당기는 대로 기꺼이 따라가는지, 순리로 일을 하고 있는지, 그런 것을 스스로 살펴보아야 한다." (바가바드기타)

어떤가. 이 구절에는 참 절묘한 바가 있지 않은가. 하나님이 우리를 '가느다란 명주실'로 잡아당긴다는 것. 그 가느다란 명주실로 하나님이 잡아당길 때 잡아당기는 대로 기꺼이 따라가야 한다고! 그런데 만일 우리 존재가 바윗덩어리처럼 무겁다면 하나님과 우리 사이에 이어진 명주실은 끊어지고 말 것이다. 아집, 집착, 욕심에 사로잡혀 우리 존재가 무겁다면 우리는 하나님과 이어진 명주실이 끊어지지 않게 할 도리가 없다. 우리 존재가 풍선처럼, 깃털처럼 가벼워질 때라야 우리는 비로소 가느다란 명주실로 우리를 당기시는 하나님을 따라갈 수 있다.

　앞서 말한 것처럼 스승께서 '내 짐은 쉽고 가볍다'고 하셨는데, 그건 스승께서 자기를 비워 깃털처럼 가벼운 존재가 되셨기 때문이다. 스승에겐 '나', '나의 것'이라는 것이 따로 없으셨던 것이다. 아집, 집착, 욕망에 휘둘리는 그런 분이 아니셨던 것이다. 그러니 스승은 자기를 당기는 명주실에 매달려 기꺼이 하나님과의 일치 속으로 나아가실 수 있으셨던 것. '나', '나의 것'이라는 애착과 욕망이 없으시니까 당신이 하는 말도 '아버지의 말'이 될 수 있었고, 당신이 하는 어떤 행위도 '아버지의 행위'가 될 수 있었던 것이다.

　우리가 그분의 제자가 된다는 것은 결국 하나님의 의지대로 움직여야 하는 것인데, 그러기 위해서는 '가느다란 명주실'이 끊어지지 않도록 나를 비워야 할 것이다. "네 자신을 부인하고 네 십자가를 지고 나를 따르라"는 스승의 말씀이 바로 그것이 아닌가.

하지만 놀라운 건 스승의 뒤를 따른다고 하면서도 우리는 깃털처럼 가벼워지고 싶어 하지 않는다. 자유의 기쁨을 맛보려 하지 않는다. 결국 나중에 탈탈 탈탈 털리고 빈손으로 떠나야 할 순간을 떠올리고 싶어 하지 않는다. 이 욕계欲界에서의 삶이 영원히 계속되리라고 생각하는 것이다. 명백한 착각인데, 착각에 속아 사는 거다. 허수아비에 속는 참새처럼 허상을 실상으로 알고 살아가는 거다. 하나님으로부터 와서 하나님에게로 돌아가야 한다는 명명백백한 사실을 아예 망각하고 말이다. 얼마나 어리석은 일인가. 이런 어리석음을 깨우는 것이, 그런 착각을 벗어나라고 하는 것이 예수의 제자의 길이고 목회의 길이 아니겠는가.

일본의 한 수도자는 일소부주一所不住를 말했다. 한 장소에 머물지 않는다는 것이다. 한 장소에 머물면 집착이 생기고 욕심이 생기기 때문이다. 스승께서 하신 "여우도 굴이 있고 공중의 새도 깃들 곳이 있으되 인자는 머리 둘 곳이 없다"는 말씀은 곧 '일소부주' 정신과 통하는 것이 아닐는지. 어디 한 군데 머리 둘 곳이 없는 스승의 삶은 결국 하나님에게 자기를 온전히 바친 거룩한 산제사인 것이다. 어디에도 머물지 않고 오로지 하나님과 하나 된 삶을 살겠다는 거룩한 열망의 소산에 다름없는 것이다.

> "여러분의 매일의 삶, 일상의 삶, 자고 먹고 일하고 노는 모든 삶 - 을
> 하나님께 헌물로 드리십시오." (롬 12:1, 유진 피터슨 역)

나는 일상어로 된 이 번역이 마음에 든다. 그러니까 우리가 하찮게 여기는 일상의 모든 행위를 하나님께 헌물로 바치라는 것. '자고 먹고 일하고 노는 모든 삶'을! 요즘 비일비재하게 일어나는 교회의 대물림 같은 현상 속에서 이런 바울의 정신은 도무지 찾아볼 수 없다. 제사라는 게 뭔가. 하나님께 바쳐진 것 아닌가. 그러면 교회도, 정확히 말해 거기 딸린 건물과 재산도 어느 누구의 소유가 아니다. 하나님의 것이다. 그런데 그것을 자기 자식에게 대물림한다면 그건 더 이상 하나님의 교회일수 없다. 그건 교회가 아니라 기업에 다름 아니다. 좀 더 심하게 말하면 여우의 굴? 도적의 굴혈? 그런 곳에서 성사聖事, '거룩한 산제사'는 일어날 수 없다. 제사는 나를 바쳐, 나는 죽고 하나님으로 사는 것이다. 바울 성인의 말씀처럼 나는 죽고 그리스도로 사는 것이다. 나는 죽고 그리스도로 살 때 비로소 깃털처럼 가벼워질 수 있다. 그처럼 가벼워질 때 하

나님께서 나를 당신의 의지대로 사용하실 수 있지 않겠는가.

스승께서 그렇게 사셨다. 십자가를 앞에 두고 스승께서도 죽고 싶지 않으셨을 텐데, 그러나 스승은 자기를 하나님께 산 제물로 바치는 분이기에 "내 원대로 마옵시고 당신 뜻대로 하옵소서"라고 기도하며 위대한 성사를 이루셨다. 스승께서는 당신의 말, 행위, 모든 것을 다 하나님께 다 바치셨다. 이런 스승의 가르침이야말로 우리가 가야 할 길이고 진리의 빛이 아닐까.

우리가 하는 말, 자선, 봉사, 섬김은 이런 스승의 가르침의 빛을 따라야 한다. 내 통장을 헐어 누구를 돕는다 하더라도 그 행위를 하나님께 바쳐야 한다. 중세의 수도승 마이스터 엑카르트는 그런 행위를 일컬어 무심無心의 행위라고 말한다. '나' 혹은 '나의 것'을 누구에게 베풀었다 하는 자의식이 있으면 그건 '하나님께 바쳐진 제사'가 아니다. 그건 사심을 여읜, 무심에서 나온 행위가 아니니까. 그래서 그는 '그런 자비보다는 차라리 무심이 낫다'고 하는 것이다.

오래 전에 읽은 아름다운 이야기 하나를 기억한다. 메카의 한 이발사에 관한 이야기다. 그 이발사는 어느 부자를 면도하는 중이었다. 이때, 한 뜨내기 탁발승이 이발소로 불쑥 들어서더니 면도를 해 달라고 부탁

했다. 이발사는 군말 없이 부자를 버려두고 탁발승의 텁수룩한 수염을 깎아 주었다. 그러고는 이발 요금을 받는 대신 오히려 돈을 꺼내어 탁발승의 손에 쥐어 주었다. 탁발승은 속으로, 그날에 동냥하여 얻은 것이 있으면 그것이 얼마이든 몽땅 이발사에게 주어야겠다고 마음먹었다. 얼마 안 있어 웬 사람이 그에게 다가오더니 황금이 그득 담긴 자루를 주고 갔다. 탁발승은 서둘러 이발소로 가서 황금 자루를 이발사에게 건네주었다. 그러자 이발사가 말했다.

"하나님을 위해 한 일에 대한 대가를 지불하려 하다니, 당신은 부끄럽지도 않소?"

영혼의 통풍通風을 위하여

그대는 언제나 아름다운 화원과 풀밭을 볼 수 있는데,
어찌하여 뱀과 가시덤불 한가운데 배회하는가?
꽃과 정원 속에서 살고 싶거든 모든 사람을 사랑하여라.

페르시아의 시인 잘랄루딘 루미의 시구다. 누군들 꽃과 정원 속에서
살고 싶지 않겠는가. 하지만 이 시인의 말처럼 어떻게 모든 사람을 사랑
할 수 있단 말인가?

오늘만 해도 그렇다. 아침부터 잔뜩 술에 취해 들어와 까닭 없이 시비
를 걸며 내 글쓰기를 방해한 집주인의 아들, 소포를 붙이러 갔을 때 불

친절하고 무뚝뚝한 표정으로 손님을 맞는 우체국 여직원, 또 불쑥불쑥 찾아와 성경에 대해 토론하자고 귀찮게 하는 여호와 증인들, 협박에 가까운 어조로 국민연금 가입을 강요하는 공단직원 - 나는 하늘보험(!)을 들었으므로 연금에 내 인생을 맡기지 않으려 하는데 - 하여간 나는 오늘 내가 만난 이들을 사랑으로 대할 수 없었다. 사랑은커녕 짜증만 냈다. 아, 이런 이들을 피할 수 있었으면! 하지만 말썽투성이 세상에 살면서 아무런 말썽이 없기를 바라거나 짜증스런 일이 없는 바라는 것은 지나친 욕심일 뿐이다.

날이 저물고 홀로 나를 돌아보는 시간. 시인의 말처럼 오늘 하루 '뱀과 가시덤불' 속을 배회했다는 느낌에 씁쓸하였다. 비록 하루를 지내는 동안 짜증스런 일들이 있었지만, 내 안에서 일어나는 마음의 동요에 휩쓸리지 않을 수는 없었을까. 내 감정을 스스로 통어할 수 있었다면 짜증 내지 않고도 그 순간들을 지나가게 할 수 있었을 텐데, 내가 맞닥뜨린 이들을 '비非판단'으로 대할 수 있었다면 그냥 무덤덤하게 넘어갈 수도 있었을 텐데……. (흑흑) 아직 난 멀었어!

로렌츠 마티라는 독일의 신비가는 말한다.

"끝없는 판단을 포기하는 것은 영혼의 통풍通風이며, 과도한 생각의 짐으로부터 영혼을 자유롭게 한다."

내가 누군가를 판단하는 순간, 그와 나 사이에 '영혼의 통풍'은 차단되고 만다. 그래서 '판단을 포기'하라는 것이다. 비판단! 내가 누군가에게 짜증내고 돌아섰을 때, 그와의 관계는 단절되고 아름다운 관계의 문은 닫혀 버리니까 말이다. 사막 교부 시대에 교황 아가톤은 남을 판단하지 않기 위해 자갈 하나를 입에 물고 지냈다고 한다. 무려 3년간이나. (헉!) 판단은 생각의 짐을 자꾸 늘리고, 바람처럼 자유로워야 할 영혼을 부자유의 사슬로 옭아매니까 그랬으리라.

우리의 스승 예수, 그분은 당신의 일상적인 삶에서 '비판단'의 모범을 보여 주셨다. 오늘 우리가 읽은 '간음하다 현장에서 잡힌 여인'의 이야기가 그 좋은 예다. 여자가 간음을 하다 들키면 돌팔매에 맞아 죽도록 되어 있었다. 유대의 율법은 그렇게 냉혹했다. 법을 치리하는 사람들도 냉혹했다. 그처럼 냉혹하고 무자비한 손길에 붙잡힌 여자는 이미 초죽음이 되어 있었으리라. 초죽음이 되어 있는 여자를 예수에게 끌고 온 이들은 다름 아닌 율법학자들과 바리새인들이었다.

"선생님, 이 여자가 간음을 하다가, 현장에서 잡혔습니다. 모세는 율법에 이런 여자를 돌로 쳐서 죽이라고 우리에게 명령하였습니다. 그런데 선생님은 이 일을 놓고 뭐라고 하시겠습니까?"

이런 물음을 예수에게 던진 이들의 어투를 살펴보면 음험한 의도가 그 바탕에 깔려 있다. 그들은 현장에서 '죄'를 지은 여자를 현장에서 죽일 수도 있었다. 그러나 그들은 여자를 죽이지 않고 '일부러' 예수에게 끌고 온 것이다. 예수를 '시험하여 보고 고소할 구실을 찾으려고'. 그러니까 여자는 예수를 잡기 위한 '올무'였던 것. 자기들의 종교적 권위에 도전하고 자기들의 밥벌이를 훼방하는 것으로 여겨지는 예수. 그들은 이 질문으로 예수를 올무에 덜커덕, 걸리게 할 수 있으리라 생각했던 것 같다.

얼마나 교묘한 질문인가. 빠져나가기 어려운! 예수가 측은지심에서 여자를 죽이지 말라고 하면 율법을 어기는 것이 되고, 율법에 이르는 대로 여자를 죽이라고 하면 평소에 예수가 금과옥조처럼 여기는 사랑의 계명을 저버리는 것이 되고. 이런 난감할 데가! 그들은 이제 예수를 궁지에 몰아세웠다고 속으로 의기양양해했으리라.

그러나!

예수는 전혀 난감해하는 기색이 없다. 예수는 그들의 속마음을 다 읽고 있었으므로. 아니, 그들의 음험한 내면을 꿰뚫고 있었으므로. 그 교묘한 질문의 올가미에 예수는 걸려들지 않았다. 무언가를 '판단' 해 보라는 그들의 의도에 휘말리지 않았다. 놀랍지 않은가. 율법을 거스르지도 않고, 율법을 따라 여자를 정죄하지도 않았다. 예수는 죄를 지었다는 여자에 대해 '비판단' 으로 일관했다.

> "너희가 심판을 받지 않으려거든, 남을 심판하지 말아라. 너희가 남을 심판하는 그 심판으로 하나님께서 너희를 심판하실 것이요, 너희가 되질하여 주는 그 되로 너희에게 되어서 주실 것이다." (마 7:1~2, 새번역)

'선한 분' 은 하늘에 계신 한 분 아버지밖에 없다는 말씀. 다시 말하면 남을 판단하실 이는 절대자 하나님밖에 없고, 상대적 존재인 인간은 남을 판단해선 안 된다는 것. 예수는 오히려 질문을 던진 이들을 궁지로 몰아세운다.

"너희 가운데 죄가 없는 사람이 먼저 이 여자에게 돌을 던져라."

이 말을 듣고 율법학자와 바리새인은 물론 거기에 모여 있던 사람들

모두가 물러가고 예수와 그 여자만 남았다고. 그들이 예수의 말씀을 듣고 군소리 없이 물러갔다는 것은, 그들이 간음한 여자보다 낫지 않았다는 것이다.

간음은 영어로 'adultery'라고 한다. 사전에서 이 단어를 찾아보면 매우 흥미롭다. '간음하다'란 뜻 외에도 '섞음질하다', '순도가 떨어지다'란 뜻이 들어 있다. 무언가를 섞어서 순도純度가 떨어진 것이 '간음'이란 말의 정확한 의미다. 보통 자기 배우자가 있는 데도 외간 남자나 여자와 바람을 피웠을 때 간음했다고 한다. 그러나 조금 더 깊이 생각해 보면 이 말이 단지 남녀 관계만이 아니라 우리가 하나님과 물질을 혼동하거나 해서 섞음질을 하는 것도 엄밀한 의미에서는 '간음'이라는 것.

호세아서에 보면, 하나님은 이스라엘 백성을 향해 '아내'라고 부르고 자신은 '남편'이라고 하신다. "내가 너에게 성실한 마음으로 너와 결혼하겠다. 그러면 너는 나 주를 바로 알 것이다." (2:20) 그러나 그들이 하나님을 외면하고 물질세계에 탐닉했을 때, 하나님은 이렇게 탄식하신다.

"이 땅에는 진실도 없고, 사랑도 없고, 하나님을 아는 지식도 없다. 있는 것이라고는 저주와 사기와 살인과 도둑질과 간음뿐이다. 살육과 학살이 그칠 날이 없다. 그렇기 때문에 땅은 탄식하고 주민은 쇠약해질 것

이다. 들짐승과 하늘을 나는 새들도 다 야위고 바다 속의 물고기들도 씨가 마를 것이다." (4:1~3)

호세아가 살던 시대, 300년 전의 세상 돌아가는 모습을 묘사한 이 대목은 꼭 우리가 사는 세계, 우리네 살림살이의 꼴을 묘사한 것 같다는 생각이 들 정도다. '하나님을 아는 지식'도 없고, 있는 것이라곤 '저주와 사기와 살인과 도둑질', '살육과 학살', …… 땅 위의 생물들은 씨가 마르고…… 하나님을 믿는다는 이들도 하나님과 물질을 적당히 섞음질하며 살아가고……. 하여간 호세아의 예언은 우리네 삶의 모습을 투명한 거울처럼 속속들이 비춰 주고 있는 듯싶다. 놀랍게도!

다시 본문으로 돌아가 보자. 예수를 고발할 구실을 찾으러 왔던 이들은 끝내 아무런 소득도 없이 얼벙어리가 되어 돌아간다. 그들 역시 그들이 정죄했던 간음한 여자보다 나은 것이 없었기 때문이다. 율법학자, 바리새라는 직책은 껍질일 뿐이고 그들의 속사람은 진실이나 사랑, 하나님을 아는 지식과는 거리가 멀었다. 진리를 탐구하고자 하는 진정한 갈망도 없고, 오로지 물질세계에 속한 자신을 보호하려는 천박한 욕망밖에 없었던 것.

그들의 그런 속내를 한눈에 간파하고 예수는 '죄 없는 자'가 돌로 치라고 했던 것이다. 여기서 '죄 없는 자' 란 존재의 '순도가 떨어지지 않는 자' 를 가리킨다. 다시 말하면 '하나님과 물질을 섞음질하지 않고 사는 자' 말이다. 금으로 비유하면 불순물이 섞이지 않은 99.9%의 금일 때 순금純金으로 쳐주지 않던가. 존재의 순도가 99.9%가 못 되면 그건 금이 아니다. 반짝인다고 금이 아니다. 물론 금칠을 한 쇠붙이도 있다. 그걸 도금鍍金이라고 하는데, 율법학자와 바리새인들이 바로 도금된 존재들이 아니었을까. 그러면 나는? 당신은? 겉만 번쩍이는 도금된 존재는 아닌지.

나와 당신이 '도금된 존재' 에 불과하다면, 여전히 속에 불순물이 섞여 있다면, 존재의 순도가 떨어지는 일을 하고 있다면 어떤 죄인도 돌로 칠 자격이 없다. 타인의 허물을 들출 자격이 없다. 왜? 여전히 섞음질을 하며 사는 자가 어떻게 남이 섞음질한다고 손가락질할 수 있단 말인가.

'판단하지 말라' 는 예수의 가르침에는 이런 깊은 뜻이 숨어 있다. 예수는 순도 99.9%의 순금에 해당하는 분이었지만, 죄 없는 분이었지만 여자를 정죄하지 않았다. 왜? 정죄는 정죄받는 이를 고통과 괴로움의 굴레에서 벗어나지 못하게 하기 때문이다. 판단하고 정죄하기를 밥 먹듯 하는 세상을 보라. 초범이 재범 되고, 재범이 삼범 되고, 삼범이 사범 되고……. 이런 악순환이 거듭될 뿐이다. 그래서 예수는 정죄하지 않고 오히려 여자에게 해방을 선포하신다.

"나도 너를 정죄하지 않는다."

예수는 거창하게 '내가 너를 용서한다'고 말씀하시지 않는다. 누추하면 누추한 대로, 있는 모습 그대로의 여자의 현존을 인정하고 보듬어 안아 주신다. 판단의 냉혹한 시선과는 다르다. 법에 근거한 재판관의 시선과는 다르다. '비판단'에 근거한 예수의 시선엔 '측은지심'이 담겨 있다. '너를 정죄하지 않는다'고 말하는 예수의 눈에는 그렁그렁 자비의 눈물이 맺혀 있었으리라.

"가서 다시는 죄를 짓지 말아라."

예수는 사람들의 정죄에 의해 닫힌, 여자의 삶의 문을 새롭게 열어 주신다. 정죄가 삶의 문을 덜컥 잠그는 일이라면, 비판단과 자비는 삶의 문을 열어 주는 일이다. 정죄는 삶의 문을 닫아걸기 때문에 참으로 죄를 깨닫게 하지 못한다. 그리고 회개하게도 못한다. 예수님은 그런 통찰력을 가지신 분이었다.

가서 다시는 죄를 짓지 말아라. 이제 순간적인 쾌락에, 덧없는 쾌락에 탐닉하지 말고 참으로 너를 살리는 것을 바라보고 살아라. 열 명의 남자와 섞음질을 하더라도 진정한 만족이 없을 것이니, 한 분 남편을 공경하여라. 사마리아 여인에게도 하신 말씀처럼 '네가 남편이 다섯이 있었으나, 지금 있는 남자도 너의 남편이 아니니' 신실한 남편, 너에게 성실하겠다고 하신 남편, 그분만을 섬기고 공경하여라.

예수는 여자의 현재 상태만 보시지 않고 하나님이 여자에게 선물로 주신 삶의 가능성을 보셨다. 요한 사도도 말하였다. '하나님의 씨앗'(요일 3:9)을 품고 있지 않은 사람이 없다고. 예수는 여자에게서 신실하신 한 분 남편만을 바라보고 그분만을 공경하고 살아갈 수 있는 가능성이 있음을 보셨으리라. 그런 마음을 자비의 눈길에 담아 여자를 북돋았으리라. 그래, 너도 할 수 있어! 너를 참으로 사랑하는 하나님의 씨앗이 네 속에도 있음을 보라구. 그게 네 존재의 바탕이니까.

비움을
배우는
지구학교

성탄절이 다가오면 문득 떠오르는 소설 한 편이 있다. 프랑스의 소설가 미셸 투르니에의 〈동방박사 이야기〉. 이 소설에 나오는 아프리카에서 온 메로에의 왕 가스파르의 이야기는 단연 백미白眉다.

흑인인 가스파르 왕은 수고스런 오랜 여행을 통해 베들레헴에 당도한다. 그가 베들레헴의 한 마구간에서 구유에 뉜 핏덩이 아기 예수 앞에 섰을 때, 그는 비로소 자기가 떠나오게 된 의미를 깊이 이해하게 된다. 그리하여 아기 예수에게 경배하기 위해 무릎을 꿇었을 때 본 놀라운 광경을 그는 이렇게 증언한다.

"그때 내가 무엇을 보았는지 아십니까? 그것은 곱슬곱슬한 머리칼과

비움을 배우는 지구학교

127

앙증맞고 납작한 코를 지닌 새까만 아기, 간단히 말해서 내 나라의 아이들과 몹시 흡사한 흑인 아기였습니다."

어머니 마리아와 아버지 요셉은 모두 피부색이 하얀 백인. 그런데 자기가 본 구유에 뉜 아기 예수는 흑인이었다는 것. 백인 부모에게서 태어난 흑인 아기의 기적을 본 것. 하지만 가스파르는 아마도 그것은 자기 혼자만 보았을 것이라며 그 일이 주는 교훈에 대해 뜨거운 마음으로 동료들에게 고백한다.

"구유의 아기는 아프리카의 동방박사 가스파르를 더욱 잘 맞이하기 위해 흑인이 되었습니다. …… 이 귀감이 되는 모습이 주는 교훈은 우리는 사랑하는 사람과 닮아야 하고, 사랑하는 사람의 눈으로 봐야 하며, 사랑하는 사람을 존경해야 한다는 것입니다."

가스파르 왕, 그는 '아기 - 하나님'이 자신을 위해 흑인으로 변하신 것에 대해 경탄을 금치 못한다. 어찌 경탄하지 않을 수 있겠는가. 하지만 예수를 통해 우리에게 알려진 하나님은 본래 그런 분! 흑인이 되는 것이 뭐 대수겠는가. 그분은 당신이 사랑하는 사람의 색깔을 취하시는 것을. 백인에겐 백인, 흑인에겐 흑인의 색깔을! 가장 낮은 자의 모습으로 우리 가운데 오신 예수는 자기를 비우시고 모든 사람을 당신 자신 - 하나님 -

으로 여기는 삶을 보여 주시지 않았던가.

하지만 오늘날 그리스도인의 가슴을 영롱한 빛으로 채우던 그 보옥實玉 - 예수가 비춰 주던 삶의 광휘 - 은 빛이 바랜 것 같다. 기독의 명패를 건 교회, 기독의 명찰을 단 이들에 의해서 말이다. 과거 어느 때보다 비움, 버림, 나눔의 무늬는 현란하고 화려하지만 그 겉을 벗겨보면 속은 텅 비어 있는 경우가 많다. 아무리 박제된 새가 그럴듯해 보여도 박제된 새는 박물관에나 전시될 수 있을 뿐. 만일 우리가 박제된 새처럼 비움, 버림, 나눔의 무늬만 그럴듯하다면 예수의 생명을 품고 저 푸른 하늘로 날아오를 수는 없지 않은가. 오늘날 성탄 장식은 어느 때보다 화려하지만, 우주 만물의 주재이신 분이 지구별 주민을 구하기 위해 인간의 형상을 입고 왔다는 성육신의 깊은 뜻은 실종된 것만 같아 안타깝다.

자實가 본本이 된 시대, 자본의 힘은 교회 안에서도 맹위를 떨친다. 모세 시대에 금송아지에 굴복했던 이스라엘 백성들처럼 우리 시대의 많은 교회들은 자본의 권능을 하나님의 권능보다 더 신뢰하는 것처럼 보인다. 돈과 하나님을 겸하여 섬길 수 없다는 예수의 가르침은 그것을 따른다는 그리스도인들에게서마저 외면당하고, 성령의 열매는 사랑, 희락, 화평, 온유 등의 덕목이 아니라 물질의 축복으로 귀결되는 경우가 더 많지 않던가. 하나님의 이름을 들먹이지만 눈을 시퍼렇게 뜨고 계시다는 하나님을 믿지 않는 풍조, 이런 풍조를 실제적 무신론이라던가. 예수가 그토록 싫어했던 바리새의 망령이 급성 바이러스처럼 우리의 혼을 좀먹고 있음이 아닌가. 예수는 사랑하는 제자들에게 바리새의 삶의 행태를 경계하라며 당부당부하셨다.

"바리새인들의 누룩, 바리새인들의 겉치레에 더럽혀지지 않도록 주의하여라. 너희는 자신의 참 자아를 영원히 감춰 둘 수 없다. 머잖아 본 모습이 드러나게 되어 있다. 너희는 종교의 가면 뒤에 영원히 숨을 수 없다. 머잖아 가면이 벗겨지고 진짜 얼굴이 드러날 것이다. …… 나의 사랑하는 친구인 너희에게 말한다. 종교 불량배들이 허세를 부리며 위협한다고 해서 침묵하거나 진실함을 잃어서는 안 된다. 물론 그들이 너희를 죽일 수는 있겠지만, 그 후에 너희를 어찌할 수 있겠느냐? 그들이 너희 존재의 중심인 너희 영혼에 할 수 있는 일이란 아무것도 없다. 너희는 너희 삶 전체 - 몸과 영혼 - 를 그 손에 붙잡고 계시는 하나님만 두려워하면 된다." (눅 12:2~5, 유진 피터슨 역)

예수의 말씀처럼 존재의 이중성은 드러나게 되어 있다. 어두운 시절에는 종교의 가면 뒤에 숨어서 위선과 기만을 감출 수 있었지만, 이 광명한 시절에는 더 이상 존재의 이중성, 그 분열을 감출 수 없다. 얼마 전화려한 언변으로 젊은이들을 미혹하던 개신교의 한 사제의 허구에 찬삶이 온라인에 까발려지는 것을 우리 모두가 보지 않았던가. 무늬만 보고 명품인줄 알았는데, 그래서 명품 좋아하는 젊은이들이 달려들어 북적거렸는데, 끝내 짝퉁임이 밝혀지고 만 것. 나는 그의 부도덕성을 탓하는 것이 아니라 종교의 가면 뒤에 숨은 존재의 이중성이 우리 시대의 사제연하는 이들의 모습인 것 같아 두렵다. 그것은 곧 사람들의 이목만 벗어나면 하나님의 눈길 따위는 아예 두려워하지 않는 무신적 행태가 아닌가. 이런 이들이 제도 종교의 우두머리가 되려 하고, 또 우두머리가되기도 해서 '종교 불량배' 노릇을 하지만, 그 허세는 오래 가지 못한다. 허세虛勢가 어찌 실세實勢인 하나님의 권능을 이길 수 있겠는가. 허세가 오래오래 맹위를 떨칠 듯싶지만, 허세는 곧 그 가면이 벗겨져 실세失勢하고 말 것이다. 그래서 예수는 "너희 삶 전체 - 몸과 영혼 - 를 그 손에붙잡고 계시는 하나님만 두려워하면 된다"고 하시는 것이다.

모름지기 우리가 삶의 지표로 삼아야 할 것은 바로 예수의 이런 확신이다. '나는 아무것도 아니고 하나님만이 전부'라는 뚜렷한 자각. 돈, 권력, 명예, 지위, 소유 등과 동일시하던 나를 비우고, 내 안에 살아 계시는 불멸의 신성 하나님만이 내 삶의 전부라고 여기는 삶. 예수는 마지막에 쓴 복음서에서 제자들과 이런 진지한 대화를 나누었다고 한다.(요 6:28~29)

"우리가 하나님의 일에 참여하려면 무엇을 해야 합니까?"

제자들이 묻자 예수는 이렇게 대답한다.

"하나님께서 보내신 이에게 너희 삶을 걸어라. 그렇게 너희 자신을 걸 때에야 하나님의 일에 참여할 수 있다."

예수의 제자를 자처하면서 이런 제자의 도리를, 우리를 보내신 이에게 '삶을 걸어' 본 적이 있던가. 삶을 건다는 것, 그것은 나를 온전히 비우고 내 존재 전체를 그분에게 맡기는 것이다. 시인 잘랄루딘 루미도 〈사랑의 도박〉이란 시에서 "반쪽 마음으로는 장엄에 이르지 못한다"고 했다.

그대 진정 사람이라면
모든 것을 사랑에 걸어라.

아니라면, 이 모임을

떠나라.

반쪽 마음으로는

장엄莊嚴에 이르지 못한다.

그대 신을 찾겠다고 나선 자가

지저분한 주막에 머물며

그렇게 오래 머뭇거리고 있는가.

이 시를 읽으면 나 역시 가슴이 뜨끔하다. 한쪽 다리는 세상에, 다른 쪽 다리는 하나님에게 걸치고 사는 어정쩡한 반쪽의 삶. 사람이 중풍이 들어 반쪽만 기능할 때 불구라 하듯이 반쪽 마음만 하나님에게 걸치고 있다면 불구의 영혼이 아닌가.

하지만 이런 불구의 영혼인 우리를 위해 '생명의 밥'으로 오신 예수, 누구든지 '아들'을 보고서 그와 한편에 서는 사람은 참된 생명, 영원한 생명을 얻는다고 하신 주님이야말로 우리의 희망이고 우리의 참 스승이시다. 진정한 사랑의 길을 일러 주기 위해 사랑에 자신의 모든 것을 걸었던 분. 하나님의 형상을 쏙 빼닮은 사람으로 태어난 우리도 예수처럼 이런 '도박'을 해야 하지 않을까. '사랑의 도박'을!

단 한 번밖에 없는 생, 어디로부터 왔는지 어디로 돌아가야 하는지를 아는 존재로 살아야 하지 않겠는가. 온 곳을 알고 돌아가야 할 곳을 안다면, 이런 자각이 또렷하다면, 예수와 같은 패일 것이고 하나님과 한 핏줄일 것이다. 온 곳을 알고 돌아가야 할 곳을 아는 자는 기꺼이 자기를 비울 수 있고 하나님 한 분으로 만족할 수 있으리라. 예수는 이런 인간의 본분을 가르치려고 우리보다 먼저 지구별에 오셨고, 우리는 그것을 배우러 이 지구학교에 보냄을 받았다.

잠깐 멈추고
생각해 보라

봄비 내린 뒤 맑게 갠 아침이었다. 산을 오르고 있었다. 연
둣빛 파도치는 산을 오르고 있었다. 저 연둣빛 파도는 머잖아 초록빛 파
도로 바뀔 것이다. 연둣빛 파도 갈피갈피에는 작은 꽃들도 피어나고 있
었다.

"어머, 저 보랏빛 제비꽃 좀 봐! 어머, 저 노랑 꽃다지 좀 봐!"

동행한 이가 갑자기 소리쳤다. 난생 처음 제비꽃을, 난생 처음 꽃다지
를 본 듯 그렇게 소리쳤다. 덩달아 나도 소리쳤다.

"그러게. 제비꽃, 꽃다지가 벌써 폈네!"

누가 우리 곁에서 있었다면 왜 그렇게 호들갑이냐고, 봄이면 피는 걸

보고 뭘 그렇게 소란이냐고 따가운 눈총을 주었으리라.

그렇게 호들갑을 떨며 산등성이에 올라 동행한 이의 눈을 바라보니 눈동자가 좀 커진 듯싶었다. 연둣빛 파도 갈피갈피에서 피어나는 '하나님의 연인들'을 보고 휘둥그레 눈을 뜨고 놀람과 탄성을 지른 덕분이리라.

"쌍꺼풀 수술 안 하고도 당신 눈이 커졌군!"

"정말이에요? 산에 자주 와야겠네. 공짜로 쌍꺼풀 수술도 받고."

우리는 이런 농담을 주고받으며 산 아래 도시를 내려다보고 있었다. 방사능이니, 황사니, 이런저런 근심 걱정의 먹구름으로 덮인 도시가 한눈에 내려다보였다.

다시 산을 내려오면서도 내 동행은 싱그럽게 피어나는 봄의 꽃들에서 눈을 떼지 못했다. 그리고 놀람의 탄성을 멈추지 않았다. 나는 그의 등 뒤에 대고 말했다.

"당신, 참 복 많은 사람이네!"

"갑자기 웬 복 타령이에요?"

"그 나이에도 놀람의 감각이 살아 있으니 말이오."

"내가 꽃들을 보고 빽빽 소릴 지른다고 하는 말이군요."

그렇다. 오늘날 문명의 편리를 누리고 사는 우리가 꽃이나 새, 구름, 나무 등과 친근한 관계를 맺는 일은 매우 드물다.

현대인들은 새로 출시되는 스마트폰이나 과학의 눈부신 발전에는 놀라움을 표하지만, 계절의 변화나 대자연의 생성과 소멸 따위에는 대체로 무관심하다.

문명이 발달하면 놀람^{wonder}의 감각은 쇠퇴하는 것일까. 인공낙원의 꿈이, 지축이 한 차례 요동치면 물거품이 된다는 것을 똑똑히 보면서도 새콤달콤한 문명의 편리에 길든 우리는 그 꿈에서 쉽게 깨어나지 못하고 있다.

뛰어난 삶의 통찰력을 가진 아브라함 요수아 헤셸은 수십 년 전 놀랍게도 이런 예언을 했다.

"인류가 멸망한다면 그것은 '정보의 부족' 때문이 아니라 '놀람'을 올바로 감상하지 않기 때문이다."

어쩌면 오늘 우리가 직면하고 있는 상황을 이렇게 콕 집어낼 수 있을까. 헤셸, 그는 왜 '놀람'을 올바로 감상해야 한다고 말하는 것일까. '놀람은 철학의 시작'이라는 플라톤의 언술도 있지만, 무엇보다 신앙으로 가는 길은 놀람과 경탄을 통과해야 하기 때문이다.

오늘 우리는 컴퓨터나 스마트폰 같은 첨단의 기기를 통해 정보의 바다를 뻔질나게 드나들면서 대자연과의 접촉은 물론 자기 자신과 대면하는 소중한 순간을 잃어버렸다. 우리가 자기 자신과 대면하지 못할 때 여백을 지닐 수 없고 내적 깊이도 확보할 수 없다. 삶의 여백과 내적 깊이가 없는 이 속에 하나님인들 끼어드실 틈이 있겠는가.

욥이 친구의 입을 통해 들었던 다음의 말은 오늘 우리에게도 해당되는 것이 아닐까.

여보시오. 욥이여, 내 말을 귀담아 들어보시오.

잠깐 멈추고 생각해 보시오.

하느님께서 하시는 신비한 일을.

이 모든 것을 하나님께서 어떻게 거느리시는지

당신은 아시오?

- 욥기 37:14~15(공동번역)

자기 욕망의 충족을 위해 앞으로 앞으로만 끊임없이 내달리는 이들, 브레이크가 고장 난 기관차처럼 옆도 뒤도 돌아볼 틈도 없이 발전, 개

발, 진보를 외치며 앞만 보고 질주하는 이들은 욥이 들어야 했던 말 "잠 간 멈추고 생각해 보시오!"를 귀담아들어야 한다. 경쟁, 경쟁, 무한 경 쟁을 외치며 나 이외의 타자를, 하나뿐인 지구 공동체를 배려하는 마음 없이 무작정 앞서 달려온 이들은 우선 '스톱' stop해야 한다. 그리고 파멸 의 위기에 직면한 우리 자신의 모습을 돌아다보아야 한다.

방사능의 하늘이 두려워 생존이 걱정되어 덜 오염된 먹거리를 사재기 하기에만 혈안이 될 것이 아니라, 삶의 원천과 단절된 우리 자신의 참담 한 처지를 반성해야 한다. 거대한 욕망의 늪에서 빠져나와 '하나님께서 하시는 신비한 일', '측량할 수 없이 큰일, 헤아릴 수 없이 놀라운 일'(욥 5:9)을 깊이 묵상해 보아야 한다.

우리가 하나님이 하시는 신비한 일, 측량할 수 없이 장엄한 그 일을 묵 상하면 그것은 우리로 하여금 '겸허'謙虛를 회복할 수 있도록 할 것이다. 욥이 천둥처럼 말씀하시는 하나님의 음성을 경청하고 난 뒤 겸허한 존 재로 거듭난 것처럼!

지금까지 겸허는 무슨 수도자 같은 이들이나 지녀야 할 덕목으로 여 겨져 왔으나, 이제는 파멸의 위기 앞에 선 인류가 지녀야 할 필수 덕목 이 되었다. 과학의 진보, 첨단 기술의 향상, 신 없는 인공낙원의 도래를 향해 질주하고 또 질주해 온 인류의 끝 간 데 없는 노력은 일본 원전 사태에서 보듯 이제 한계에 봉착했다. 본래 낙원utopia=ou+topos이라는 말이 '그런 장소는 없다' 는 뜻이듯, 인간의 권력과 자본의 욕망이 결합한 인공낙원의 꿈은 바벨탑만큼이나 허망한 것임이 자명해지고 있지 않은가.

앞으로 나아가는 것이, 외향적 진보만이 인류가 살 길이라 호도해 온 이들은 이제 뒤를 돌아다보아야 한다. 그래야 살 길이 열린다. 노자도 말했다. 반자도지동反者道之動이라고! '되돌아감이 도의 움직임' 이라는 말이다. 우리는 분수를 지키지 못하고 너무 앞으로만 달려왔다. 이제 되돌아가야 한다. 오만에 차서 선각자들의 위대한 유산을 소홀히 해 온 우리는 되돌아서야 한다. 뼈를 깎듯 우리는 반성해야 한다. 수십 세기 전에 지구에 살던 한 시인은 하늘에 반짝이는 별무리를 보며 경외심에 차서 말한다.

당신의 작품, 손수 만드신 저 하늘과

달아 놓으신 달과 별들을 우러러보면

사람이 무엇이기에 이토록 생각해 주시며

사람이 무엇이기에 이토록 보살펴 주십니까.

- 시편 8:3~4

인간 중심의 세계관에 휘둘리며 삶을 경영해 온 우리는 천지 만물에 대한 이런 외경심을 상실했다. 하늘에 떠 있는 해와 달과 별들, 숲과 강과 거기에 뛰노는 동물들은 그저 인간들의 삶을 위한 장식이나 배경으로 여겨졌다. 그것들은 인간이 마음껏 착취하고 학대해도 좋은 그런 대상일 뿐이었다. 겸허를 상실한 인간은 만물이 평등하게 지어졌다는 사실을 까맣게 잊어버렸다. 조물주가 인간을 사랑하는 것과 똑같은 사랑으로 모든 피조물을 사랑하신다는 것을 망각했다.

"만물을 사랑하시되 피조물로 여기지 않고 하나님으로 여겨 사랑하십니다. 하나님은 자신을 사랑하시는 것과 똑같은 사랑으로 만물을 사랑하십니다." (마이스터 엑카르트)

인간과 다른 피조물을 공평하게 사랑하신다는 사실을 망각한 우리는, 이런 사고방식이 결국 인간 자신을 파멸의 위기로 몰아넣는다는 사실

조차 망각하고 말았다. 하나님 앞에서는 제비꽃 한 송이, 돌멩이 하나가 인간과 똑같이 평등하다는 것. 우라늄 한 덩이가 인간의 편리와 이익을 위해서만 존재하는 것이 아니라는 것. 그것을 잘못 사용했을 때 그것이 우리를 파멸의 운명으로 몰아넣을 수도 있다는 것.

다행스럽게도 풀 한 포기, 짐승 한 마리를 취할 때도 허락을 구했다는 인디언들의 이야기가 지금까지 전해져 온다. 하지만 우리는 그런 이야기를 그냥 구수한 옛이야기로만 치부해 왔다. 얼마나 어리석은가. 그렇다면 이제 우리는 만물의 영장이라는, 인간이 스스로 부여해 온 허망한 지위를 조물주 앞에 반납해야 하는 것이 아닐까. 아마도 이것이 우리가 겸허함을 회복할 수 있는 첫걸음이 아닐까.

산을 다 내려와 우리가 다녀온 산을 잠깐 올려다본다. 산은 젊다. 오, 젊다 못해 연둣빛으로 어리다. 산을 비추는 태양도 여전히 젊다. 창조주가 영원히 젊듯이! 이런 젊음을 간직하고 살라고, 이런 창조주의 젊음을 너희도 간직하고 살라고 산은 웅변하고 있지만 과연 우리가 그런 젊음을 잘 갈무리할 수 있을까. 그걸, 조물주가 우리에게 선물로 주신 그런 젊음을 잘 갈무리하고 살기 위해 우리가 할 수 있는 일은 무엇일까.

앞을 보고 나아가기보다 멈춰 서서 뒤를 자주 돌아다보고, 풀꽃 한 송이, 벌레 한 마리의 살아 있음을 기적인 양 놀라워하고, 저 오래된 믿음의 지혜에서 우리가 살아야 할 눈부신 미래를 보는 눈을 활짝 떠야 하는 것이 아닐까.

내가 있다는 놀라움, 하신 일의 놀라움,

이 모든 신비들, 그저 당신께 감사합니다.

- 시편 139:14

당신의 인생을
걸었는가

어떤 젊은이가 스승을 찾아갔다. 스승은 페르시아 태생의 시인이며 신비가인 잘랄루딘 루미였다. 젊은이가 스승에게 물었다.

"스승님, 저를 가르쳐 주시겠습니까?"

루미가 그를 바라보며 되물었다.

"그대는 내 가르침을 받아들이겠는가?"

젊은이가 대답했다.

"왜 스승님의 가르침을 받아들이지 않겠습니까? 저는 배우러 왔습니다."

루미가 말했다.

"그건 중요하다네. 그대가 내 가르침을 받아들이지 않는다면 나는 그대를 가르칠 수 없지. 사실 가르침은 불가능하다네. 단지 배움만이 가능할 뿐이지. 만일 그대가 받아들인다면 그대의 배움은 꽃필 것이야."

이 이야기는 어떻게 '진정한 배움'이 일어날 수 있는가를 일러 주는 좋은 예다. 배움은 우리가 스승의 가르침을 받아들일 때 일어난다는 것이다. 스승은 제자가 보고 배울 됨됨이일 뿐, 스승의 가르침은 일방적으로 일어날 수 없다는 것.

예수를 스승으로 삼고 따르는 우리는 어떤가. 그분의 가르침을 온전히 받아들여야 배움이 꽃핀다는데, 그런 마음가짐을 지니고 있는지. 제자라는 명찰은 착용하고 다니지만 스승의 가르침과는 상관없는 삶을 살고 있지는 않은지.

요한이 쓴 기록을 보면, 예수가 살아 계셨을 때도 대부분의 추종자들은 예수의 가르침을 받아들이지 않았다. 어느 날 예수는 제자들에게 '가장 중요하고 참된 진리'를 말해 주고 싶어 입을 열었다. 그 가르침의 요지는 '나는 하늘에서 내려온 빵이다. 누구든지 이 빵을 먹는 사람은 영원히 살 것이다'라는 내용이었다. 하지만 예수를 따르는 이들 가운데 많은 사람들이 그 가르침을 난감해하고 받아들이지 못했다.

이 사건을 통해서도 명백히 드러나지만, 우리는 예수의 추종자들을 두 부류로 나눌 수 있다. 한 부류는 예수가 행하는 치병 기적 같은 것을 보고 호기심에서 쫓아다녔던 사람들과 현세적 유익을 얻고자 했던 사람들. 이런 사람들은 엄밀한 의미에서 예수의 제자로 볼 수 없다. 또 한 부류는 스승 예수를 통해 진리를 찾고자 하는 사람들. 적어도 예수가 직접 뽑았던 12명의 제자들이 그런 진리에 대한 열망을 품었던 것으로 보인다. 그러니까 12명의 제자들만이 예수의 가르침을 어느 정도 이해하고 받아들일 수 있었던 것이다.

신학자 유진 피터슨은 진리에 대한 열망으로 예수를 스승 삼아 따르던 이 제자들을 일컬어 '자신의 인생을 걸었던 사람들'이라고 표현한다. 개역성경에는 예수를 믿지 않는 사람들이 있다고 했는데, 이 '믿지 않는 사람들'을 유진 피터슨은 '자신의 인생을 걸지 않는 사람들'이라고 옮겨 놓은 것이다. 나는 이 번역이 참 마음에 든다. 그러니까 우리가 예수를 믿는다는 것은 스승 예수께 자기 인생을 거는 것이라는 말이다. 따라서 자신의 인생을 스승께 걸지 않은 사람들은 영원한 생명에 이르는 진리를 일러 주는 스승의 가르침을 알 수 없다는 것이다.

그것은 예나 지금이나 마찬가지다. 이런저런 호기심에서, 소위 기복

신앙이라고 부르는 현세적 복을 구하려는 심사에서 예수 명패를 이마에 붙이고 다니는 사람들은 스승이 일러 주고자 하는 하늘나라의 기쁜 소식을 알 수 없는 것이다.

예수께서는 자신이 하는 말귀를 못 알아듣겠다는 이들을 향해 이렇게 말씀하셨다.

> "내 말이 그렇게도 혼란스러우냐? 인자가 원래 있던 곳으로 올라가는 것을 보게 되면 어찌하겠느냐? 성령만이 생명을 만들어 낼 수 있다. 육신의 근육과 의지력으로는 아무것도 일어나게 할 수 없다. 내가 너희에게 전하는 모든 말은 성령의 말이며, 생명을 만들어 내는 말이다. 그러나 너희 가운데는 이 말에 저항하고, 이 말에 관여하지 않으려는 사람들이 있다." (요 6:61~63, 유진 피터슨 역)

예수께서 하시는 말씀은 '성령의 말'이기 때문에, 자신의 인생을 걸 정도로 스승의 가르침에 몰입하지 않는 사람들은 알아듣기가 어려운 것이다. 스승의 가르침에 몰입한다는 것은 무얼 의미하는 걸까. 우선은 땅에 속한 것들에 대한 집착을 여읠 수 있을 때 영의 세계를 볼 수 있는 눈이 열린다는 것이다. 그래서 예수께서는 "성령만이 생명을 만들어 낼 수 있다"고 하신 것이다. 무슨 말일까? 이 우주 만물 속에 살아 있는 모든 생명의 '뿌리'를 가리키는 것이 아닐까? 바울 사도가 '거룩한 뿌리'라 부르고, 요한1서에서 '하나님의 씨앗'이라 불렀던, 생명의 불꽃을 피우는 모든 존재의 근원을 가리키는 말이다! 모름지기 모든 생명은 '육신의 근육과 의지력', 즉 피조물의 힘과 의지로는 생겨나게 할 수 없는 것이다.

여기서 자명해지는 것은 진정한 종교적 스승은 생명의 근원, 곧 존재의 뿌리를 손짓해 주는 이라는 것이다. 중세 신비가의 표현을 빌면, 진정한 종교적 스승은 우리의 '신성한 원본'元本을 일러 주는 분인 것이다. 우리의 스승 예수께서 이 땅에 와서 하신 가장 중요한 일은 바로 그것. 자기를 따르는 이들에게 당신의 삶으로 몸소 보여 주셨다.

예수께서는 그 신성한 원본, 즉 하나님에 밀착되어 있는 자신의 삶을 일컬어 "아버지가 내 안에, 내가 아버지 안에 있다"고 표현하셨고, "내가 하는 말은 내 말이 아니라 아버지의 말씀이며, 내가 하는 행위는 곧 아버지의 행위"라고까지 언표하셨다. 이런 말씀은 당신 존재의 뿌리와 합일되어 있음에서 오는 융융한 희열을 드러내신 것이다. 그렇기에 그분은 우리의 참 스승이신 것이다.

세상에는 거짓 스승도 있다. 실제로는 자기 존재의 뿌리와 단절된 삶을 살아가면서 뿌리에 닿아 있는 척 하는 사람. 성스러운 직분을 가지고 사람들의 스승인 척하지만 그 존재가 직분과 분리된 사람. 하나님 앞에 부르는 찬양과 기도가 그 존재의 됨됨이와 다른 이중적인 사람. 예수의 공분을 자아냈던 바리새인들처럼 제사에는 관심이 없고 젯밥에만 눈독을 들이는 사람. 예나 지금이나 이런 이들의 관심은 본질적인 것에 닿아 있지 않고 비본질적인 것에 닿아 있다. 이를테면 돈이나 명예, 권세 같은 현세적 이익에!

이런 이들은 참 스승 예수의 우상 파괴의 정신은 아랑 곳 없고 우상 제조자들이 되기 일쑤다. 어리석은 대중은 현세적 이익을 말하는 우상 제조자들의 솔깃한 선전에 속아 자기 인생을 걸기도 한다. 예수는 그래서 대중을 우롱하는 거짓 목자들을 향해 차라리 연자매를 목에 걸고 바다에 빠지는 것이 낫다고 독설을 퍼부으시기도 했던 것이다.

오늘 우리는 참 스승을 만나는 것이 무척 어려운 시절을 살고 있다. 또한 참 스승을 목말라하는 제자를 찾아보기도 어려운 때다. 돈, 돈이 하나님 행세를 하는 시절, 많은 그리스도인들의 삶의 모습에서 예수의 숨결을 느끼기가 쉽지 않다. 거짓 목자, 거짓 스승의 모습에 실망하고 떠나는 이들도 많고 물질적 욕망으로는 붙잡을 수 없는 분 주위를 맴돌다가 아예 떠나버리는 이들도 많다.

예수 시대에도 마찬가지였다. 물거품 같은 욕망과 기대를 가지고 예수 주변을 맴돌던 이들은 다 예수 곁에서 사라졌다. 12명의 제자만이 곁에 남았다. 남은 제자들에게 스승이 묻는다.

"너희도 떠나가려느냐?"

모든 것을 다 버리고 스승에게 자기 인생을 건 베드로가 대답한다.

"주님, 참된 생명, 영원한 생명의 말씀이 주님께 있는데 저희가 누구에게 가겠습니까? 저희는 이미 주님이 하나님의 거룩하신 분임을 확신하며 주님께 인생을 걸었습니다."

얼마나 복된 스승-제자의 모습인가. 참된 생명의 뿌리이신 하나님을 모시는 것이 생의 본질임을 알고 자기 인생을 내맡기는 제자를 바라보는 스승 예수의 행복해하는 표정이 눈에 선하다. 스승을 향한 제자의 지극한 도리를 토로하는 베드로의 눈자위에도 기쁨의 뜨거운 눈물이 솟구쳤을 것이다.

예수는 오늘 우리에게도 지극한 연민의 음성으로 묻지 않으실까?

"너희도 세속의 복을 탐하여 맘몬을 숭배하러 내 곁을 떠나겠느냐, 아니면 거룩한 뿌리, 하나님을 모신 참 행복을 위해 너희의 인생을 걸겠느냐?"

예수의 제자를 자처하는 이가 예수에게 인생을 걸지 않는다면, 그 사람은 반쪽 그리스도인이며 반쪽 인생에 불과할 것이다. 그렇다면 예수를 스승으로 만나 배움을 꽃피우기 위해 오늘 우리가 해야 할 일이 무엇일까?

먼저는 스승 예수의 삶과 가르침을 제대로 아는 일일 것이다. 종교적 관습과 타성 때문에 잃어버린 스승 예수의 참 모습을 제대로 알고 그 가르침을 회복해야겠다. 스승의 됨됨이를 알지 못하고서야 어찌 그 가르침을 배울 수 있겠는가.

이렇게 하여 스승의 가르침을 알았으면, 그 가르침을 따라 우리의 인생을 그분에게 걸어야 할 것이다. 인생을 건다는 게 무엇일까. 나 혹은 나의 것이 따로 있다는 욕망과 집착을 비우고, 제자가 스승의 무릎 아래 공손히 앉아 가르침을 청하듯이 기도로 그분과 의논하고, 끝내는 나의 생사, 나의 일거수일투족을 그분께 내맡기는 일이다. 그러기 위해서는 한 시대의 영적 스승이었던 잘랄루딘 루미의 말처럼 하나님을 향해 늘

깨어 있어야 할 것이다.

물질계^{物質界}에 더 많이 깨어 있을수록

영계^{靈界}에 더 많이 잠들어 있다.

우리의 영이 하나님께 잠들어 있을 때,

다른 깨어 있음이 은총의 문을 닫아버린다.

못난이
프란체스코에게

프란체스코, 난 당신의 이름 앞에 '세인트'聖人란 호칭을 붙이지 않겠습니다.

차라리 당신을 '못난이' 라 부르겠습니다. 원 세상에, 당신만큼 못난 사람이 어디 있겠습니까. 설사 당신이 우리 곁에 온다 해도 당신은 역시 '못난이' 를 면치 못할 것입니다. 그리고 '성인' 이란 이름, 높고 우뚝하고 까마득하고, 나 같은 보통 사람이 가까이 하기엔 너무 먼 당신처럼 느껴지니 말이지요. 그리고 그건 대개 죽은 사람에게 붙여지는 이름이기도 하고요.

못난이, 못난이, 못난이로 한살이를 꾸린 당신.

그 잘난 장사꾼인 아버지에게 '못난이'라고, 몸에 걸친 옷까지 빼앗긴 채 알몸으로 쫓겨나고, 그 잘난 사제들에게 '미치광이'란 욕설을 들으며 천덕꾸러기 취급을 당하며 살았던 당신. 당신이 거슬러 살았던 시대의, 그 잘난 사람들은 결국 당신의 이상한 열정, 믿음, 기도, 눈물, 웃음, 그 일거수일투족을 불편해했지요.

불편, 그래요, 당신은 불편한 진실이지요. 생각해 보면 불편한 진실과 예수, 프란체스코는 동의어지요. 예나 지금이나! 안락과 편리에 길들여진 사람들, 그런 이들이 불편한 진실을 두르고 사는 당신을 좋아할 리가 없지요.

온몸을 뒹굴며 걸레처럼 바닥의 더러움을 닦는, 더 이상 낮을 수 없는 낮은 바닥으로 내려가 문둥이들의 고름까지 닦는 당신! 지상의 음험한 구석을 떠도는 사악한 영들(사탄)까지 챙기는 당신을! 높고 고상하고 거룩하고, 발돋움하고 발돋움해도 닿을 없을 정도로 까마득한 데 존재한다는 '높으신 하나님'이 아니라 바닥의 바닥, 어둠, 슬픔, 고통, 심연, 저 '낮은 데 계신 하나님'을 길동무해 살아가는 당신! 그런 당신을 누가 좋아했겠습니까.

하긴 내가 당신의 호칭을 가지고 어쩌고저쩌고 하는 것이 우습겠지요. '성인'이든 '못난이'든, 그런 이름의 분별 따위야 성속의 분별을 넘어선 당신에게 무슨 의미가 있겠습니까. 당신이 한없이 낯설어했던 세상, 한 줌 분량의 당신 육체를 온통 차지하고 있는 것은 하나님뿐이었으니까요.

당신은 어느 날 한 도시에서 옛 부랑아일 때의 친구를 만나 이런 우스꽝스런 대화를 나누지요.

"누가 자네를 이 거지꼴로 만들었나?"

"하나님이!"

"자네의 비단옷과 손의 금반지는 다 어쨌나?"

"사탄에게 줘 버렸지."

"지금 어디서 오는 길인가?"

"나는 지금 다음 세상에서 오는 길이네."

"그러면 지금 어디로 가는 길인가?"

"다음 세상으로!"

- 니코스 카잔차키스, 〈성 프란체스코〉에서

당신은 이 세상에 속해 있으나 이 세상에 속하지 않은 것처럼 그렇게 살았지요. 예수가 그러했듯이! 당신은 이 세상을 '환영'幻影으로 보았지요. 물욕, 성욕, 재물욕, 권력욕 같은 것에 휘둘리는 이 세상. 세상의 모든 것은 허구이며, 참 실재는 오직 불멸의 하나님뿐이라는 또렷한 자각이 당신에게는 있었지요. 그렇다고 당신이 둔세주의자라는 말은 아닙니다.

입으로는 하나님을 떠벌리면서도 이 지상의 것들이 전부인 양 살아가는 사람들에게 당신은 분명 바보거나 미치광이였지요. 오늘날도 마찬가지예요. 예수의 명패를 단 교회들이, 교회를 섬긴다는 성직자들이 누추한 거지 차림의 당신을 만난다면, '비단옷과 금반지를 사탄에게 줘 버렸다'는 허튼소리를 하는 당신을 만난다면 당신은 교회 문턱을 넘기도 어렵겠지요.

당신이 살았던 13세기에는 팔아야 할 상품이 지금보다는 훨씬 적었지요. 그래도 하나님에게는 가격을 매기지 않았어요. 상품 가치로 따지면 무수한 눈송이 위에 내리는 한 송이 눈에 불과하니까.

그러나 오늘날 천민 자본의 노예가 된 삯꾼들은 교회를 팔고 사고, 교회 재산을 자식에게 대물림하고 진리, 영성, 하나님에게 가격을 매기는 일을 서슴지 않고 있지요. 그 뻔뻔함이라니, 그 파렴치함이라니. 그것이

죄악인지도, 방탕인지도, 하나님을 욕되게 하는 일인지도 모르고 말입니다.

저절로 흐르는 강물에도 상표를 붙이고 천지 만물이 공유하는 공기에도 상표를 붙이는 시대지만, 저 보이지 않는 실재인 하나님에게도 상표를 붙이다니! 어딜 가나 돈이 있고, 돈으로 황폐해진 세계가, 당신은 상상할 수도 없는 영적으로 황폐한 세계가 펼쳐지고 있으니!

당신이 살던 시대는 상인과 사제가 구분되었으나 이젠 상인과 사제의 구분이 되지 않는, 모두가 장사꾼이 되어 버린 시대를 우리는 목도하고 있지요. 어떤 소설가가 '십자가와 황금의 간통'이라고 표현했던, 서로 결합할 수 없는 것들이 결합하는 기괴한 현상을 아마도 당신은 이해할 수 없겠지요.

이렇게 말하는 까닭은, 당신은 '가난'과 결혼했던 못난이었으니까요. 참, 당신은 엉뚱하고 생뚱맞은 사람이었지요.

프란체스코, 당신은 어느 날 제자들에게 내일 성당에서 자신의 결혼식이 있을 거라고 발표를 하지요. 제자들이 놀라서 신부가 누구냐고 궁금해하니까, 내일 가 보면 안다고. 이튿날 제자들이 신랑인 당신을 따라 성당으로 몰려갔을 때 성당 어디에서도 신부의 모습은 보이지 않았

어요. 어리둥절해하는 사람들에게 당신이 능청스레 말했지요. '가난'
이 내 아리따운 신부라고. 인간이 가난을 무서워하면 그건 악마가 즐거
워하는 것이라고. 아무것도 가지지 않는 길이, 결단코 아무것도 소유하
지 않는 길이 하나님께 이르는 길이라고. 또한 자선이란 가난한 사람에
게 허리를 굽히는 것이 아니라 가난한 사람의 수준으로 자기를 들어 올
리는 일이라고, 당신은 일장 연설을 늘어놓아 사람들을 대경실색하게
하지요. 허억!

더 나아가 당신은, 저에게 희망을 거부할 용기를 주십시오, 영생불멸
하려는 의지조차 없어야 그것이 진정한 가난이라고 기도하지요. 당신
을 이해하지 못하는 이들에게는, 오로지 지상의 것들에 희망을 둔 이들
에게는, 하나님에게서 물질적 이득을 취하는 데 혈안이 된 이들에게는
당신의 이런 언설이 궤변에 다름 아니겠지요.

나 역시 당신이 벌인 '가난과의 결혼' 이벤트는 충격이었으니까요.
그런 이벤트를 벌인 당신의 속내는 이런 것이겠지요. 실제로 당신은 인
간의 몸을 구약성서에 나오는 노아의 방주와 같다고 생각했지요. 그 노
아의 방주에 하나님이 타고 여행하시는 거라고!

이 멋진 잠언 속에서 나는 하나님에 대한 당신 사랑이 어떤 것인지를

겨우 짐작할 수 있었지요. 또한 당신이 남긴 마지막 유언, 오늘날 당신의 이름으로 모인 수도회가 몸 닦음(수도생활)의 지침으로 삼는 청빈, 평화, 사랑의 의미 또한 짐작할 수 있었지요.

당신이 중요하게 여기는 '청빈', 다시 말해 가난과의 결혼은 하나님을 모시는 바탕으로 새기면 되겠지요. 나를 텅 비우지 않고 내 안에 틈을 만들지 않고는 하나님을 모실 수가 없으니까요. 얼마나 이런 자각이 철저했으면 하나님이 아니면 나는 아무것도 아니라고 했을까요.

흔히 생각하듯 청빈은 남에게 보이기 위한 수도자의 윤리 덕목이 아니지요. 하나님이 아니면 나는 아무것도 아니라는 것은 존재론적 요청인 거지요. 쉽게 말해 하나님이 아니면 숨을 할딱거리니 살아 있는 것 같으나 살아 있는 게 아니라는 거지요.

이런 바탕에서 당신은 만물 속에 살아 꿈틀대는 신성을 보지요. 보통 사람이 지니지 못한 안목(眼目)이고 안복(眼福)이지요. 풀 한 포기, 벌레 한 마리라도 당신에게는 싱싱하게 살아 있지 않은 게 없으니까요. 돌이나 바위 같은 무생물에서도 당신은 하나님의 뜀뛰는 심장을 느꼈으니까요. 만물 가운데 하나님을 모시지 않은 존재가 없다는 것, 이것이 당신을 평화의 도구가 되게 한 바탕인 거지요. 평화가 뭐 다른 것이겠습니까. 만물과 고루고루 나누는 햇살처럼 따뜻한 형제애지요.

지극히 높으시고 전능하시고 자비하신 주여!

찬미와 영광과 칭송과 온갖 좋은 것이 당신의 것이옵고,

호올로 당신께만 드려져야 마땅하오니 지존이시여!

사람은 누구도 당신 이름을 부르기조차 부당하여이다.

내 주여! 당신의 모든 피조물 그 중에도,

언니 해님에게서 찬미를 받으사이다.

그로 인해 낮이 되고 그로써 당신이 우리를 비추시는

그 아름다운 몸 장엄한 광채에 번쩍거리며,

당신의 보람을 지니나이다. 지존이시여!

누나 달이며 별들의 찬미를 내 주여 받으소서.

빛 맑고 절묘하고 어여쁜 저들을 하늘에 마련하셨음이니이다.

언니 바람과 공기와 구름과 개인 날씨, 그리고

사시사철의 찬미를 내 주여 받으소서.

당신이 만드신 모든 것을 저들로써 기르심이니이다.

쓰임 많고 겸손하고 값지고도 조촐한 누나 물에게서

내 주여 찬미를 받으시옵소서.

아리고 재롱 되고 힘세고 용감한 언니 불의 찬미함을

내 주여 받으옵소서.

그로써 당신은 밤을 밝혀 주시나이다.

내 주여, 누나요 우리 어미인 땅의 찬미를 받으소서.

그는 우리를 싣고 다스리며 울긋불긋 꽃들과

풀들과 모든 가지 과일을 낳아 줍니다.

당신 사랑 까닭에 남을 용서해 주며,

약함과 괴로움을 견디어 내는 그들에게서

내 주여 찬양을 받으사이다.

평화로이 참는 자들이 복되오리니,

지존이시여! 당신께 면류관을 받으리로소이다.

내 주여! 목숨 있는 어느 사람도 벗어나지 못하는

육체의 우리 죽음, 그 누나의 찬미 받으소서.

죽을 죄 짓고 죽는 저들에게 앙화인지고,

복되다, 당신의 짝없이 거룩한 뜻 좇아 죽는 자들이여!

두 번째 죽음이 저들을 해치지 못하리로소이다.

내 주를 기려 높이 찬양하고 그에게 감사드릴지어다.

한껏 겸손을 다하여 그를 섬길지어다.

- 태양의 노래(최민순 역)

해와 달과 별들, 바람과 나무와 꽃과 새를 언니, 누나라 부르는 당신의
지극한 형제애! 그건 생명이 당신의 전부였기 때문이지요. 당신은 하나
님을 흠숭하듯 생명을 흠숭했지요. 모든 생명은 하나님으로부터 온 것
이니까요. 생명의 속알은 하나님이니까요. 한껏 헐벗었으나 그 헐벗음
으로 끌어안은 극진한 형제애, 그건 곧 사랑이지요.

나와 너, 가난한 자와 부자, 신자와 불신자, 동족과 외국인, 자연과 인
간, 인간과 하나님, 그 사이에 어떤 차별이나 분리도 거부하는 사랑! 그
누구도 그 어떤 피조물도 보잘 것 없는 것이 없다, 그 누구든 어떤 피조

물이든 무한하신 하나님을 보도록 부름 받았기 때문이라고!

"사랑은 단순한 동정심을 말하는 것이 아닙니다. 친절을 말하는 것도 아닙니다. 동정심은 두 사람이 있어야 발휘되죠. 고통을 받는 사람이 있어야 동정을 느끼는 사람이 있을 게 아닙니까. 친절도, 받는 사람과 주는 사람 두 사람이 있어야죠. 그러나 사랑에는 오직 한 사람뿐입니다. 너와 나라는 말은 필요 없죠. 사랑한다는 것은 자기 자신을 사랑하는 사람 속으로 던져 버리는 것입니다."

그리하여 당신은 누구나 겪지 않을 수 없는 육체의 죽음까지 '누나'라고 불렀지요. 모든 것을 한순간에 다 앗아가는, 지상의 온갖 관계의 단절을 가져오는 죽음도 당신에겐 그것이 하나님의 장중에 있는 것으로 여겨졌기에 그마저 사랑스런 누나라 불렀던 것이지요. 가없는 하나님의 사랑에 붙잡혀 온갖 분별을 여읜 당신은 '천국과 지옥'의 분별마저 떨쳐 버렸지요.

"주여, 제가 천국에 들어가기 위해 당신을 사랑한다면 반월도를 손에 쥔 당신의 천사를 보내시어 천국의 문을 제 앞에서 모두 닫아 버리십시오. 그리고 제가 지옥이 두려워서 당신을 사랑한다면, 영원한 지옥의 불길 속으로 저를 던져 버리십시오. 그러나 제가 당신을 사랑하는 이유가 당신 때문이라면, 오로지 당신만을 위한 것이라면 당신의 팔을 벌려 저를 반가이 맞아 주십시오."

당신은 이처럼 많은 이들이 찾고자 애쓰는 행복을 드높은 정신의 산정에서, 멈출 수 없는 욕망과 소유에서, 그 충족에서, 얻기도 하고 잃기도 하는 그런 상대적 행복에서 찾지 않았지요. 그럼 어디서?

눈물겨운 에피소드 하나.

궂은비가 주룩주룩 내리는 밤, 배가 고픈 당신은 이 집 저 집 대문을 두드리며 문 좀 열어 달라고 배가 고프다고 애원하지요. 하지만 아무도 당신을 위해 문을 열어 주지 않았지요. 당신은 문 앞에서 비를 맞으며 굶주린 채 밤을 지새우지요. 그렇게 밤을 지새우고 나서 당신은 기쁨이란 바로 이런 것이라고 혼자 중얼거리지요.

못난이, 못난이, 못난이인 당신만이 아는 성스런 기쁨! 헐벗음, 결핍, 낮은 곳에 진리가 깃드는 것을 당신은 온몸으로 느꼈기 때문이지요. 그런 헐벗은 마음자리에 하나님의 뜨거운 숨결이 깃든다는 것을!

제 3 부

평화를 배우는 지구학교

사람의 뿌리 되시는 하나님이 거룩하다면
그 하나님께 뿌리박고 있는 사람인들 왜 거룩하지 않겠는가.
세상 사람들이 망나니 같다고 손가락질하는 사람이나
마더 테레사처럼 성인으로 떠받드는 사람이나
똑같이 거룩하다.
망나니나 성인이나 모두 거룩한 근본 뿌리에서
자란 나무들이기 때문이다.
우리는 거룩하게 되고자 애면글면할 필요가 없다.
다만 우리 모두가 같은 근본 뿌리에 속한 존재임을 깨달으면 된다.
복된 소식이 어디 따로 있으랴.

반디는 폭풍에도 빛을 잃지 않는다

지난밤, 뱀이 무섭다는 아내의 손을 꼭 잡고 뒷산 숲길로 산책을 나섰다.

요즘 들어 찜통더위가 계속되는 낮에는 집 안에서 쉬고, 밤이 되면 산책을 나서곤 했다. 숲길은 집을 나서면 곧바로 위로 이어져 있어 밤의 숲길이지만 낯설지 않았다. 우리가 걸어 올라가는 길옆의 언덕에는 칡넝쿨이 덮여 있었는데 치렁치렁한 어둠 속에서 칡꽃 향기가 훅, 끼쳐왔다. 향기는 달짝지근했다. 몸은 늙어 가도 후각은 늙지 않는 것일까.

아내는 칡꽃 향기에 반해 어두운 넝쿨 속을 더듬으며 칡꽃을 따겠다고 덤벼들었다. 그 순간, 어둠의 넝쿨 위로 허공을 가르는 한 줄기 빛!

"여보, 반딧불이에요!"

아내의 탄성에 나도 허공으로 시선을 던졌다.

반딧불을 본 것이 얼마만이던가. 이 오지의 숲에서 두 해째 여름을 나고 있는데, 반딧불을 본 것은 처음이었다.

반디는 어두운 허공 속에서 제 몸에서 뿜어져 나오는 빛으로 빛의 타원을 그리며 날았다. 그렇게 우리 머리 위 허공을 몇 차례 선회하던 반디는 낙락장송 우거진 캄캄한 숲 속으로 천천히 멀어져 갔다.

반디가 눈앞에서 금세 사라져 아쉬웠지만, 그 발광체 생물이 던져 준 광휘는 밤길을 걷는 우리 마음을 환하게 밝혀 주었다.

앞서 걷던 아내가 반딧불을 보니 생각난다며 자기가 영혼의 스승으로 여기는 분의 잠언시를 읊어 주었다.

촛불은 부드러운 미풍에도 꺼진다.

그것은 바깥에 있는 것에 의해 점화되기 때문이다.

반디는 폭풍에도 빛을 잃지 않는다.

그 빛이 자기 안에 있기 때문이다.

　- 스와미 웨다

숲의 서늘함을 즐기는 산책 중에 소멸 직전의 반디를 볼 수 있어 기뻤는데, 그 작은 미물의 모습에서 인간 내면에 깃든 영혼의 광휘를 보고 지은 아름다운 잠언을 들을 수 있어서 더욱 기뻤다. 이런 잠언은 반딧불이가 그렇듯 자기 안에 빛나는 영혼의 광휘를 본 사람이 아니면 토해 낼 수 없는 것이리라.

오늘 우리가 사는 세계에는 매우 드물지만, 이 지구별 위에 생명의 빛을 던진 영성의 강줄기를 거슬러 오르다 보면, 제 몸의 광휘로 어두운 세상을 밝히는 발광족發光族들의 빛줄기를 만날 수 있다.

예수나 붓다, 간디나 마더 테레사 같은 분들의 사랑과 생명의 광휘로 가득한 삶이 그렇다.

그들은 천 개의 태양보다 더 밝은 자기 내부의 빛으로 당대의 어둠과 고통의 질곡을 깨뜨렸다. 그들의 광명한 삶이 있어 나 같은 몽매한 중생들이 지금도 길을 잃지 않고, 그 빛살에 죄와 악의 찌꺼기를 태울 뿐만 아니라 몸과 마음도 정화할 수 있는 것이 아니겠는가.

더욱이 그들 속에 타오르던 찬란한 신성의 불꽃이 아니면 우리가 어찌 우리 안에 신성의 불꽃이 타오르고 있는 줄 알겠는가. 오늘 이 속화된 세상에서도 우리가 파릇파릇한 희망을 가꾸며 살 수 있는 것은 우리 자신이 신성한 빛의 씨알이라는 것을 알기 때문이다.

얼마 전 무더위를 견디며 읽었던 책에도, 이처럼 신성한 빛의 씨알임을 자부하고 사는 이들의 숭고한 삶이 그려져 있었다.

인도 북부의 라다크인들.

그들은 결혼할 배우자를 선택할 때 외모나 소유 따위를 보지 않고 그 내면이 아름다운가를 살펴본다고 했다. 그리고 "호랑이의 줄무늬는 바깥에 있고, 인간의 줄무늬는 안에 있다"는 그들의 속담에서도, 제 몸에 영혼의 광휘를 간직한 발광족다운 삶의 태도를 읽을 수 있었다.

숲길을 돌아 내려오는 동안 반딧불을 다시 보는 안복眼福은 누릴 수 없었다. 숲의 어둠 속으로 자취를 감춘 반디는 그 부재로 숲의 어둠을 어둠답게 만들었다. 숲의 삶에 길든 나는 숲의 어둠에도 길들어 밤이면 어둠이 편안하다.

하지만 나는 이 밤의 숲길을 거닐 때마다 반디를 그리워하리라. 내 안에도 빛나는 광휘가 있음을 제 몸으로 일깨워 준 반디를!

연꽃 만나고 가는 바람 같이

드디어 연蓮이 꽃봉오리를 열었다. 동이 막 트기 시작하는 이른 아침 꽃봉오리에 눈을 맞추는 순간, 새삼 마음이 아릿했다.

나는 요즘 집에서 멀지 않은 토지문화관의 창작 공간에 와 머물고 있는데, 연꽃이 피어 있는 작은 연못가를 서성이며 무더위를 식히기도 하고 작품 구상을 하기도 한다.

오늘은 늦은 저녁을 먹고 난 뒤 창가에 어리는 달빛이 좋아 연못가로 나갔다. 바람결에 흔들리는 연꽃의 고운 자태가 희미하게 보였다.

그동안 나는 연못가를 돌며 연꽃의 미세한 변화를 자주 지켜보았다. 둥근 연잎들이 자라며 연못 가득 번져 가는 모습, 연잎들 사이에서 올라

온 꽃대 위로 맺힌 봉오리가 점차 크기를 더해 가다가 밤새 소나기가 세차게 내리고 난 새벽, 아기 주먹만 했던 봉오리가 활짝 꽃잎을 펼치고 있는 화사한 자태를.

그걸 바라보는 내 시선이, 미당 시인의 노래처럼 "연꽃 만나러 가는 바람 아니라 만나고 가는 바람 같은" 시선이었을까 몰라.

그런데 밤이라 그랬을까. 연꽃의 희미한 자태에 시선을 던지고 있던 나는 문득 컴컴한 물 속이 궁금해졌다. 물의 부력으로 아슴아슴 떠 있는 연꽃이 아니라 물 속 중력의 심연에 깊이 닿아 있는 뿌리가!

나는 그 부력과 중력의 경계를 가늠하며 송이송이 피어난 우주의 신비와 경이를 묵상했다. 매일 내가 맨눈으로 또는 디지털카메라의 눈으로 주시했던 것은 부력으로 떠 있는 우주의 외관이었을 뿐. 너와 나를 살아 있게 하는 우주의 또 한 축, 그 심연을 깜빡 잊고 있었던 것.

이런 나의 무심에도 불구하고 해와 달과 별들은 소리 없는 운행을 멈추지 않고, 우주를 은밀하게 작동시키는 부력과 중력은 연인들의 그윽한 눈빛처럼 서로 밀고 당기며 내 눈 앞에 무한천공 가을 하늘처럼 서늘한 여백의 꽃송이들을 불끈 솟아오르게 했던 것이다.

도무지 인간의 의지와는 상관없는 이 측량할 수 없는 존재의 신비. 그리고 가없는 창공처럼 무한한 사랑의 섭리로 피어난 꽃들. 나는 이 아름다운 형상으로 화신한 '하나님의 연인들'이 펼치는 연극을 관람하고 나서, 성스러운 양식을 탐하는 책벌레처럼 성서의 몇 구절에 밑줄을 그었다.

"이 모든 일의 배후와 바탕에는 어떤 거룩한 뿌리가 자리 잡고 있습니다. 하나님께서 심으시고 기르시고 계신 뿌리입니다. 근본 뿌리가 거룩한 나무에는 거룩한 열매가 맺힐 수밖에 없습니다." (롬 11:16, 유진 피터슨 역)

존재의 표면을 떠받치는 부력이 꽃피운 아름다움과 누추함, 사랑과 미움, 진실과 거짓, 비움과 채움, 빛과 그림자 같은, 이 지상에서 짝을 지어 일어나는 모든 일의 배후에는 '어떤 거룩한 뿌리가 자리 잡고' 있다는 것.

그 '어떤 거룩한 뿌리'는 뭘 지시하는 명사일까. 아마도 그것은 그냥 명사가 아니라 '활동하는' 동명사가 아닐까. 보이지 않는 땅속 깊이 꿈틀대며 흐르는 마그마의 활력처럼, 드러난 모든 존재의 물관에 연결된 무한 신비의 뿌리. 그건 바로 하나님이 심으시고 기르시고 계신 뿌리라고. 우리의 고마운 길잡이는 그것을 일러 '근본 뿌리'라고 갈파한다. 아, 샛별처럼 명료하기도 해라!

이 '근본 뿌리'가 없으면, 이파리도 꽃도 나무도 존재할 수 없으리라. 한데 진정으로 고마운 것은 근본 뿌리가 거룩한 나무에는 거룩한 열매가 맺힐 수밖에 없단다. 이 말씀은 한 그루 우주목 사람을 위한 것이 아닌가.

사람의 뿌리 되시는 하나님이 거룩하다면 그 하나님께 뿌리박고 있는 사람인들 왜 거룩하지 않겠는가. 세상 사람들이 망나니 같다고 손가락질하는 사람이나 마더 테레사처럼 성인으로 떠받드는 사람이나 똑같이 거룩하다. 망나니나 성인이나 모두 거룩한 근본 뿌리에서 자란 나무들이기 때문이다.

우리는 거룩하게 되고자 애면글면할 필요가 없다. 다만 우리 모두가 같은 근본 뿌리에 속한 존재임을 깨달으면 된다. 복된 소식이 어디 따로 있으랴.

하지만 세상에는 이 복된 소식이 전해 주는 기쁨을 누리지 못하는 이들도 있다. 근본 뿌리의 이름으로 근본 뿌리를 모독하는 자들, 예수의 이름으로 예수를 욕보이는 자들, 으뜸의 가르침에 누런 똥칠을 하는 자들 때문에!

얼마 전 삼 대째 기독교인이라는 한 가족이 삐쭘 찾아와서 긴 하소연을 늘어놓았다. 지금 출석하는 교회를 떠나고 싶다고. 목자라는 이가 신학을 공부한 자기 아들을 외국에 선교사로 보내 놓은 뒤 거듭 헌금을 강요하고, 한술 더 떠 그 아들은 자기들이 보낸 그 헌금으로 개인의 이익을 취하기 위해 선교가 아니라 터무니없는 사업을 벌이고 있다고. 그런 양식 없는 태도에 대해 이의를 제기하면 불순종 운운하면서 교회를 떠나라고 윽박지른다고.

아, 난 뭐라 뭐라 대꾸할 말을 찾지 못했다. 유구무언!

한두 번이 아니다. 이런 얘기를 접하면 불쑥 불같은 분노가 일어나기도 하고 벼랑 앞에 선 듯한 절망에 사로잡히기도 한다. 하나님에 대한 첫 사랑, 첫 마음이 그들에게는 없었을까. 그래도 청빈, 순결, 순명 같은 수도자의 덕목 같은 것을 새김질하며 읽어 본 적은 있지 않았을까.

그렇다면 무엇이 그들을 천국의 내실이 아니라 천박의 나락으로 떨어지게 했을까. 그들은 여름날 화사하게 핀 연꽃만 보고서 겨울 연못에 검은 쇠못처럼 꽂힌 말라빠진 꽃대를 못 보았던가. 아예 청맹과니가 되어

환幻의 세상에 대한 집착을 끝내 못 벗는다면, 죽음이 벗겨 줄 수밖에 없을 것이다. 잘은 모르지만 죽음도 하나님이 부리시는 일꾼이 아닐까. 어둠이 그렇듯이.

하여간 오늘밤 어둠이 연꽃의 자태를 희미하게 하여 보이지 않는 물의 심연을, 근본 뿌리를 묵상하도록 해 주었으니 참 고마운 일이다. 그래, 근본 뿌리를 망각한 이들도 근본 뿌리를 벗어날 수는 없으리라. 암, 벗어날 수 없고말고!

나는 분노도 의심도 절망도 잠시 접어놓고 그들을 위해 눈을 감는다. 지금 연꽃이 할 수 있는 일이 어둠과 이슬을 머금는 것밖에 없듯이, 내가 할 수 있는 일 또한 기도를 머금는 것밖에…….

시들지 않는 기쁨

지난겨울 사원 순례를 위해 인도를 다녀왔다.

신들의 나라답게 웅장한 사원마다 정교하고 아름다운 숱한 신상들이 모셔져 있었다. 그런 신상들을 만나는 놀라움과 기쁨도 컸지만, 사원 주변에 사는 인도 토박이들을 만나는 기쁨 또한 컸다.

벵골 지역에서 한 칼리 사원을 찾아가다가 만난 삼십 대 중반의 오토 릭샤 기사. 이름은 까딕이라고 했다. 그가 몰고 다니는 릭샤는 승객의 내장을 뒤집어놓을 듯 털털거리는 폐차 직전의 고물이었고, 그의 행색도 그의 릭샤처럼 남루했다. 하지만 그의 말과 표정과 몸짓에서는 아이 같은 천진함과 야성의 체취가 물씬 풍겨 나왔다.

우리는 그런 성품에 반해 며칠 동안 그의 고물차를 이용했다. 사흘째 되는 날이던가, 우리는 한 노천 찻집에 들러 차를 마시며 함께 이야기를 나누었다.

일행 중의 한 사람이 느닷없이 그에게 물었다.

"당신은 행복합니까?"

좀 무례한 질문일 수도 있었지만, 그는 빙그레 웃더니 담담히 대답했다.

"집에는 닷새쯤 먹을 수 있는 쌀과 감자가 있답니다. 그리고 아내는 매일 아침 숲에서 땔감을 구해다가 차를 끓여 줍니다. 아내가 끓여 주는 차는 아주 맛있습니다. 그걸로 나는 만족합니다."

질문을 던진 이는 충격을 먹은 듯 입을 꾹 다물었다. 까딱이 그런 대답을 의도한 듯이 여겨지지는 않지만, 생존의 숱한 고통과 시련을 겪으며 터득한 삶의 달관이 느껴졌다.

끝없는 욕망의 충족을 위해 이전투구하며 살아가는 자본주의적 삶의 양식에 길든 사람들과는 달리, 주어진 여건을 달게 받아들이는 자족의 품성도 넉넉히 몸에 배어 있는 듯싶었다. 적어도 그에게는 욕망의 갈증이 느껴지지 않았다.

며칠 먹을 수 있는 양식이 있는 것으로 만족한다는 그의 말에서, 나는 문득 니코스 카잔차키스의 소설 속 주인공의 말이 떠올랐다.

"욕망의 갈증을 다 채우려는 이에게 화 있을진저!"

그 지역을 떠나기 전날, 까딕은 우리와의 작별이 아쉬운 듯 자기 집으로 초대해 주었다. 열 평쯤 될까, 나지막한 흙집이었다. 살림살이를 살펴보니 마치 소꿉장난을 하던 어린 시절이 떠올랐다. 살림살이는 그렇게 간소했다. 그들이 지닌 소유가 삶의 짐이 될 것 같지 않았다.

소유가 삶을 짓누르는 짐이 될 때, 그 소유는 우리에게 '살림'이 되지 못한다. 수도자들처럼 자발적 가난은 아닐지라도, 까딕 가족이 보여 주는 소박한 살림살이는 그동안 과잉 욕망을 불 지르며 살아온 내 일그러진 모습을 비춰 볼 수 있는 좋은 거울이었다.

그 거울에 비친 내 모습이란 그 자체로 이 지구별을 더럽히는 흉한 오물덩어리에 다름 아니었다. 나를 비롯한 지구별의 주민들이 '자발적 가난'을 선택하지 않는다면 미래는 없다고 말하는 듯싶었다.

얼굴이 까무잡잡한 까딕의 아내는 말린 소똥으로 화덕에 불을 피워 따끈한 홍차를 끓여 주었다. 우리가 차를 마시고 있는데, 까딕은 헤어지는 것이 섭섭하다며 인도 민속악기인 시타르를 들고 나와 타고르 송을 불러주었다. 시인 타고르는 시인으로서 수천 곡의 노래도 남겼다고 한다.

악기는 낡아 있었지만, 그의 노래는 종달새의 그것처럼 감미로웠다.

당신이 내 노래에서 기쁨을 얻으시리라 믿습니다
오직 노래하는 자만이
당신 앞에 가까이 갈 수 있음을 믿습니다.

꽃 얼굴로 부르는 그의 신명 어린 노래에 우리는 흥건히 젖어들었다. 악보라고는 가없는 지평선 위로 내리퍼붓는 땡볕 악보뿐이었지만, 신명에 겨운 그는 먼 지평선에 눈길을 던지며 타고르 송을 연거푸 세 곡이나 불러주었다.

그의 노래에 젖어드는 동안, 나는 "내 생명에 깃든 거칠고 모난 모든 것들이 한줄기 감미로운 화음으로 녹아드는"(타고르) 듯한 흥취를 맛볼 수 있었다.

그의 노래는 우리가 낯선 타인이 아니라 지구별 한 가족임을 확인시켜 주었다. 그리고 그의 가난에 연민이 일어 속으로 눈물을 찔끔거리던 나에게 새삼스런 각성을 던져 주었다.

소유는 적어도 존재는 넉넉할 수 있음을! 시들지 않는 기쁨이 바로 여기 있음을!

고통에서
날개가 돋다

동장군의 기세가 매섭다. 오랜만에 찾아간 매지 호수도 꽁꽁 얼어붙어 있다. 대학을 옆에 끼고 있는 아름다운 호수지만, 데이트를 즐기는 젊은이들조차 보이지 않는다. 밤새 불던 북풍이 다행히 잦아들어 볕은 따뜻하다.

나는 호젓한 마음으로 호수 둘레를 돌아보려고 천천히 걷는다. 한참을 걷다가 호수 둑에 잠시 앉아서 쉰다. 엉덩이에 닿는 금잔디의 감촉이 좋다.

호수 가운데는 청둥오리 몇 마리가 둥둥 떠 있다. 호수 전체가 거의 얼어붙었는데, 오리들이 떠 있는 그 부분만 얼음이 없다. 어떻게 저 부분만 얼음이 잡히지 않았을까.

그때 마침 내 또래쯤 돼 보이는 한 사내가 내 곁으로 다가왔다.

"혹시 이 부근에 사시나요?"

"나는 저기 호수 건너편에 보이는 매운탕 집에 삽니다. 그런데……."

내가 궁금해하는 것을 이야기하자 사내는 곧 신바람이 나서 입을 연다. 요즘처럼 추운 겨울이면 밤중에 호수 위로 무언가 떨어지는 소리가 쿵쿵 들린다고 한다.

얼마 전 달 밝은 밤에 쿵쿵거리는 이상한 소리를 듣고 집에서 나와 보니, 호수 위 하늘에서 검은 물체들이 연거푸 낙하하더란다. 그렇게 검은 물체가 쿵쿵거리며 낙하한 뒤엔 얼음 깨지는 소리도 들렸다. 하지만 그 정체를 정확히 알 수 없었다.

궁금증은 다음날 아침에 풀렸다. 하늘에서 떨어져 얼음을 깬 그 검은 물체는 다름 아닌, 청둥오리들!

청둥오리들은 얼음이 두껍게 얼어붙으면 먹이를 사냥할 수 없으므로 얼음이 얇게 잡히기 시작하는 밤중에 제 온몸을 던져서 미리 얼음을 깨놓곤 했던 것. 사내는 호숫가에 살며 자기가 겪은 일을 자세히 얘기해준 뒤 이런 주석을 다는 것을 잊지 않는다.

"참, 짐승이나 사람이나 산다는 게 만만치 않답니다."

사내가 내 곁을 떠난 뒤 물 위에 떠 있는 청둥오리들을 바라보니, 이전과는 다르게 보였다. 한가롭게만 여겨지던 풍경 속에 그런 치열한 생존의 고통이 있었다니!

분주할 때면 찾아와 한가롭게 둥둥 떠 있는 오리들의 모습을 보며 삶의 여백을 비춰 주는 거울처럼 여기던 관념이 산산이 부서졌다.

어떤 생명체든 그 삶의 이면까지 들여다보면 고통을 피할 수 있는 존재는 없다는 것을 새삼 확인한 셈이었다. 누구나 삶에 고통이 없기를 바라지만 고통이 없는 삶은 어디에도 없다. 고통의 경중輕重이 있을 뿐이다. 고통을 대하는 태도에 따라 고통의 경중이 달라질 뿐이다.

경제 한파까지 겹친 요즘, 주변에 힘들어하는 이들이 참 많다. 돌아보면 우리는 지금보다 더 어려운 시절도 겪었다. 나 자신도 더 이상 기억하고 싶지 않은 그런 고통스러운 시절을 겪었는데, 그런 고통의 기억이 오늘의 어려움을 헤쳐 나가는 데 도움이 된다.

우리가 어떤 마음을 갖느냐에 따라 현실적 고통도 가벼워질 수 있다. 우리가 고통 속에서도 삶의 의미를 발견한다면 우리는 어떤 고통도 견딜 수 있다.

나는 지난해 인사동의 한 갤러리에서 열렸던 전시회를 잊지 못한다. 선천성대사효소결핍증(페닐케톤뇨증)이라는 희귀 장애를 앓고 있는 스물 다섯 살의 젊은 작가 임윤아의 그림전시회.

뇌세포가 손상되어 발달 장애를 일으키는 질환으로 손을 움직여서 반복적인 작업을 하는 것이 거의 불가능한데도, 그는 화가의 꿈을 이루기 위해 하루 15시간 이상을 화폭에 매달리며 예술혼을 불태운 결과 독창적인 미술 세계를 세상에 선보였다. 그리고 장애를 앓고 있는 이들에게 멋진 희망을 선물했다.

작가가 전시 팸플릿에 남긴 짧은 고백 속에는, 고통 속에서도 의미를 잃지 않는 아름다운 삶의 철학이 묻어 있었다.

"나의 몸이 유난히 떨리는 것은 장애가 아니라 날개가 돋기 때문입니다."

어린 작가의 이런 고백을 읽는 순간 나는 뜨거운 전율에 사로잡혔다. 우리가 이런 마음가짐을 가질 수 있다면 고통도 더 이상 고통이 아니겠구나!

자신의 고통을 깊이 응시하고 받아들임으로써 그 고통에서 날개가 돋기 때문이다. 작가의 이런 고백은 단지 아름다운 은유만이 아니다.

그것은 청둥오리처럼 온몸을 던져서 생존의 희망을 이어가는 처절한 몸짓이며, 자신의 고통스런 운명과 한계를 넘어설 수 있는 존재의 용기를 보여 준 진정한 삶의 예술인 것이다.

여행자의 마음으로

몸이 근질거린다. 어디론가 떠나야 할 것 같다. 올 여름, 어디로 갈지 아직 계획도 잡지 못했지만 홀홀 떠나고 싶다. 역마살일까. 정주하는 삶을 견디기 어렵다. 문득 인도 서벵골 지역을 여행할 때 자주 만난 바울들이 부럽기까지 하다.

바울Baul이란 인도 서벵골 지역을 떠도는 음유 시인들을 말한다.

신을 찬양하는 것을 생의 유일한 목적으로 삼는 그들은 악기 하나씩 둘러메고 세상을 주유하는, 노래하는 수행자들인 셈이다. 걸인이나 광인 취급을 받기도 하는 바울들. 어디로 갈지 뚜렷한 정처도 없이 바람이나 구름처럼 떠도는 보헤미안들. 나는 어디에도 매이지 않는 그들의 삶과 노래와 춤에 반해 인도에 갈 때마다 서벵골을 찾아 그들을 만나곤 했다.

내가 만난 바울들 가운데 지친至親 같은 사이가 된 비놋다스 바울.

어느 날 내가 그의 남루한 흙집을 방문했을 때 그는 두 팔을 벌리고 환영해 주었다. 여느 때와 다름없이 그는 인도 민속악기 아논도 로호리를 뜯으며 신명 어린 노래도 들려주었다. 그의 노래에는 신을 향한 뜨거운 열망과 새의 가벼운 날갯짓과도 같은 자유혼이 실려 있었다.

노래가 끝났을 때 나는 뜬금없이 그에게 물었다.

"당신은 왜 이처럼 힘든 떠돌이 수행자의 길을 택했습니까?"

"세상의 모든 것이 다 무상하기 때문이고, 신을 추구하는 길만이 나에게 의미가 있기 때문입니다."

이 한 마디로 그는 자신의 존재 이유를 요약해 주었다. 지상의 삶이 무상하여 신을 추구한다는 그의 말을, 나는 허무주의적이거나 둔세적인 것으로 받아들이지 않았다.

오히려 나는 그의 말에서 지상을 떠돌며 노래하고 춤추며 삶을 향유하되, 지상의 것들에 애면글면 집착하지 않는 자유혼을 느꼈다. 예금통장은 항상 제로 상태인 빈털터리였지만, 온 천하가 다 자기 것인 양 여기며 살았던 예수 같은 이가 누리던 그런 자유혼을!

나는 그들이 자신들의 삶과 노래로 건네줌 직한 금언 하나를 수첩에 받아 적었다.

"홀연히 떠나야 할 순간이 다가오면 홀가분하게 떠날 수 있도록 그대의 삶을 항상 가볍게 하라."

이것은 곧 여행자의 마음으로 사는 삶일 것이다.

먼 안목으로 보면 이 지상에 여행자 아닌 사람이 누가 있겠는가. 더 쌓을 금고가 부족해 더 큰 금고를 마련하는 일로 분주한 이나 하루하루 입에 풀칠할 일을 걱정하며 사는 이나 모두 잠시 머물다 떠나야 한다.

그럼에도 많은 사람들은 지상에서 움켜잡은 것이 영원할 것이라고 생각한다. 하지만 인간이 손으로 움켜잡은 것은 모두 썩는다. 썩는다는 것은 변화하고 소멸한다는 뜻이다. 모든 피조물에는 변화라는 낙인이 찍혀 있기 때문이다.

여행자의 마음으로 사는 사람은 이 사실을 늘 염두에 두고 길 위에 선다. 그래서 여행자는 항상 자기 등에 진 짐을 무겁지 않게 한다. 소유욕이 적거나 아예 없기에 남의 것을 탈취하지 않는다. 권력의 무상을 알고 권력욕도 거추장스런 짐이기에 그것의 집착에서 자유롭다. 끝내 빈

손으로 떠나야 할 것을 잘 알기에 자기가 움켜잡은 것도 남과 나눌 줄 안다. 그래서 여행자의 마음으로 사는 사람은 사랑과 기쁨의 전도체가 된다.

남은 생을 여행자의 마음으로 살기로 작정한 나는, 가끔씩 어린 왕자가 되어 우주를 여행하는 꿈을 꾼다. 광활한 우주 공간을 떠돌며 작은 별 지구를 내려다보는 우주여행을. 그리고 내가 탑승하는 우주선에 지구별에서의 삶에 지나치게 애착하고 탐닉하고 사는 이들에게도 아주 잠깐 동행을 허락한다. 이를테면 독재자들, 전쟁광들, 경제를 살린다는 미명하에 지구를 마구 파괴하는 반생태적 개발주의자들, 무한 경쟁을 부추기는 정치가들 등. 하지만 그들이 나의 우주여행에 선선히 따라나설지는 여전히 의문이다.

그들이 인류가 살 유일한 둥지인 아름다운 지구별을 내려다보며 자기들이 저질러 온 일들이 얼마나 덧없고 어리석은지 깨닫기를 바라지만. 그리고 지구별에는 여전히 어리석음 속에 사는 이들이 많지만, 말썽 많은 지구별을 악기 삼아 노래하고 춤추며 신을 찬양하는 이들의 삶이 그나마 균형을 이루게 하여 그들이 존속한다는 것도 알게 되기를 바라지만!

고양이 똥을
치우며

고양이가 또 사고를 친 모양이다. 아내는 숨을 헐떡거리며 "어이구, 저 사고뭉치!" 하고 소리치며 베란다에서 들어온다. 똥을 또 아무 데나 내갈긴 모양이군!

나는 금방 무슨 사태인지 눈치 채고 손바닥만 한 삽과 플라스틱 빗자루를 챙겨 베란다로 나간다. 고양이똥을 치우는 건 언제나 내 몫. 된통 야단을 맞은 듯 고양이는 베란다 구석에 가 쥐 죽은 듯 엎드려 있다.

어디다 똥을 모셔 두었나 살펴보니, 고추장 된장을 담은 항아리들 옆에다 한 뭉치 퍼질러 두었다. 야단맞을 짓을 하셨구먼!

사실 아내는 어지간한 사고를 쳐도 좀처럼 놈을 혼내지 않는다. 자식들 다 객지로 내보내고 난 뒤 쥐새끼들 때문에 고양이를 키우게 됐는데, 그 대접이 거의 언제나 금지옥엽이다. 자식인들 그렇게 보듬을까 싶을 정도다.

그런데 똥을 치우며 보니 아무 데나 똥을 내갈길 만하다. 플라스틱 통에 흙을 담아 변기로 사용하게 했는데, 장마철 궂은 날씨를 핑계하여 흙을 갈아 주지 않았더니 어느덧 변기 속의 똥이 산을 이루었다.

그 깔끔을 떠는 양으로 따지면 어느 귀부인 못잖은 것이 고양이가 아닌가. 밥 먹고 닦고, 물 먹고 닦고, 자다가 일어나 기지개 켠 뒤 닦고, 똥 누고 닦고…….

하여간 고양이는 잠잘 때를 제외하고는 틈날 때마다 몸단장을 한다. 기껏 화장품이라야 입에 고인 침이 전부지만 그 침을 분홍 발에 묻혀 화장하는 양을 보았으면 양귀비가 와서 울고 가리라. 메이크업을 전문으로 하는 여성들도 그 화장하는 품을 보다가 까무러치리라.

물론 제 몸단장만 하는 건 아니다. 늦은 봄에 새끼 네 마리를 낳아 세 마리는 가까운 이들에게 무료로 분양하고 한 마리만 어미 곁에 두었는데, 제 새끼 몸단장에도 그런 극진 정성이 없더라. 아직도 젖을 물리는데 다 말라빠진 젖을 먹이면서도 그 몸을 혓바닥으로 핥아 주고, 변기에 들어가 똥 누고 나오면 똥구멍도 핥아 주고, 베란다 난간에라도 올라갔다가 껑충 뛰어내리면 대견하다는 듯 다가가 핥아 주고…….

하여간 그렇게 제 새끼를 핥고 빨아 주는 고양이를 보고 있으면 그 모성애가 눈물겨울 지경이다.

그놈의 모성애는 밥 먹을 때도 어김없다. 아직 새끼가 어리니 한 밥그릇에 먹을 걸 담아 주는데, 아무리 맛있는 것을 담아 주어도 어미는 새끼가 다 먹을 때까지 옆에서 지켜보며 기다리더라. 그렇게 새끼가 다 먹고 나서 밥그릇에서 비칠비칠 물러나야 비로소 밥그릇에 달려들어 먹기 시작한다.

유전자니 뭐니 하는 것에 까막눈이지만 그 털북숭이 몸속에 무슨 신비로운 것이 담겼기에 밥그릇 모성이 두 개체 사이에 흐른단 말인가. 새끼가 다 자라면 밥그릇을 차지하기 위해 피 터지는 싸움을 벌일지 알 수 없는 노릇이지만, 인간 종자들의 밥그릇 싸움만이야 할까.

밤에 사고를 친 고양이는 오전 내내 밥을 얻어먹지 못하고 쫄쫄 굶었다. 똥 한번 잘못 내질러 오늘은 원치 않는 단식을 해야 할지도 모른다. 밥 주는 이의 화를 단단히 돋우었으니 밥 주는 이의 화가 저절로 풀릴 때까지 기다릴 밖에. 측은지심이야 아내가 더 많으니, 나는 똥만 치우고 천덕꾸러기가 된 고양이를 못 본 척하고 돌아선다.

하지만 맘이 편치 않아 아내를 슬쩍 떠본다.

"무슨 불법 파업을 한 비정규직 노동자도 아닌데, 밥은 먹도록 해 줘야 하는 거 아니오?"

날씨가 너무 더워서 이런 너스레를 떨고 있는 것이지만, 우리 집 고양이는 사실 정규직 노동자로 당당히 취업했다. 하지만 하루 몇 번씩 야옹야아옹 울기만 해도 쥐새끼들이 범접을 못하니, 사실 할 일이라곤 별로 없다. 쥐 대신 불빛을 보고 달려드는 불나방 따위나 잡아먹을 따름이니 거의 비정규직 노동자 취급을 받는다. 아니 재롱이나 떨고 밥이나 축내니 백수로 취급받는다.

그러니 사실 비정규직 어쩌고 하는 내 말도 틀렸다. 그렇지만 아무리 백수라도 밥은 먹여 줘야 하는 것 아니냐는 내 말에 아내는 낄낄대고 웃는다. 별 걱정 다한다는 듯!

어쩌면 곧 백수가 될지도 모를 당신 자신에 대한 걱정 땜에 이러는 것 아니유? 하는 표정이다. 벌써 밥 주는 이의 마음을 다 읽은 듯 베란다의 사고뭉치(!)가 유리문을 통해 안을 들여다보며 구애를 한다.

야옹, 야아옹!

타작

며칠 전부터 기온이 급강하하더니, 하루가 다르게 뒷산의 단풍들도 울긋불긋 급강하하고 있다.

벌써 나락을 거두어들인 들판은 허허롭고, 붉은 수수밭가에 우두커니 서서 두 팔을 휘휘 내젓던 허수아비들의 표정도 허허롭다. 그 허허로움이 산기슭의 적막을 더 깊게 만든다. 그 적막을 깨는 것은 콩이나 들깨를 터는 도리깨질 소리.

아, 가을은 흠씬 매를 맞고 싶었을까.

흑염소 사육장 옆 공터, 팽씨 노인이 휘두르는 도리깨는 새파란 허공을 휙, 휙, 가르며 마른 깻단을 작살낸다. 칠순이 낼모레인 팽씨 노인. 그렇게 연세가 높아도 도리깨질을 하는 품은 여전히 팔팔한 청년이다.

초가을 어느 날이던가.

팽씨 노인은 평생의 노하우를 발휘하여 도리깨 만드는 과정을 나에게 보여 주었다. 대문 앞에 쭈그리고 앉은 노인은 깊은 산에서 잘라 온 물푸레나무로 도리깨 만드는 노하우를 전수하려는 듯 차근차근 설명까지 하며 새 도리깨 하나를 만들었다. 그리고 오늘 그 도리깨로 집 앞에 말려 두었던 들깨를 털고 있는 것이다.

나는 뒷산으로 산책을 나갔다가 여전히 도리깨질을 하고 있는 노인 곁으로 다가갔다.

"좀 쉬엄쉬엄 하시지 않고요?"

노인은 잠시 도리깨를 내려놓고 라일락담배 한 대를 빼문다. 나는 노인이 내려놓은 도리깨를 들고 깻단을 내리쳐본다.

"어, 고 선상, 제법인디…… 도리깨질은 언제 배웠는가베."

나는 오랜만에 도리깨질을 하며 청소년 시절의 기억을 떠올린다.

농업고등학교를 다니던 시절의 기억이다. 아버지가 일찍 돌아가시고 난 뒤 어머니 혼자 밭농사를 지으셨는데, 그때 나는 어머니의 농사일을 거들며 농사 기술을 조금 익혔다. 도리깨질을 익힌 것도 그때. 그리고 콩이나 팥, 들깨를 투닥투닥 털면서 잘 여문 낱알들이 도리깨에 맞아 쏟아지는 것을 보며 고된 농사일의 기쁨도 그때 처음으로 알았다.

한 십여 분쯤 도리깨질을 했을까. 내가 잠시 가쁜 숨을 쉬려고 도리깨질을 멈추자 노인이 고 선상, 수고혔어, 수고혔어, 공치사를 늘어놓으며 도리깨를 낚아채 간다. 오랜만에 하는 내 도리깨질이 어설퍼 보였던 것일까.

하여간 나는 밭가에 쭈그리고 앉아 노인의 숙련된 도리깨질을 물끄러미 바라본다. 가으내 태풍도 없고 비도 적당히 내려 도리깨에 맞아 쏟아지는 깨알들이 옹골차 보인다.

타작打作, 가을이 깊어지면 휙휙 돌아가는 도리깨. 나는 가을 들판에서 흔하게 만나는 농부들의 도리깨질을 접할 때마다 '최후의 심판'을 떠올리게 된다.

하늘 도리깨질이라 할까. 만일 신이 계셔서 하늘 도리깨로 나를 두드려 턴다면 나는 무엇을 쏟아 놓게 될까. 잘 여문 낱알을 쏟아 놓을 수 있을 건가. 속이 텅 빈 쭉정이만 쏟아 놓게 되는 것은 아닐까.

추수 끝난 텅 빈 들판, 나뭇잎들이 다 떨어지고 과실만 매달려 있는 나무들을 보면 우리는 상실과 이별의 시간이 가까워짐을 느끼게 된다. 그리고 지금까지 살아온 순간들을 반추동물들처럼 되새김질해 보게 된다. 만일 우리가 자기 자신을 상실한 채 무언가에 쫓기듯 살아왔다면 텅 빈 듯한 공허감에 사로잡힐 수도 있다.

그래, 그렇다. 깻단을 향해 내리치듯 하늘 도리깨질이 시작되면 우리는 근원적 물음에 직면하지 않을 수 없다.

"삶의 끝에서 아무도 당신에게 당신이 얼마나 많은 학위를 가졌으며, 얼마나 큰 집을 가지고 있는지, 얼마나 좋은 차를 굴리고 있는지 묻지 않는다. 중요한 것은 당신이 누구인가 하는 것이다. 이것이 죽어가는 사람이 가르치는 것이다." (엘리자베스 퀴블로 로스)

무릇 우리의 생은 '인생 수업'을 위해 존재하는 것이다. 저 칠순의 팽씨 노인의 생이 우리에게 가르치는 것도 그것이다. 도리깨가 야무지게 몸에 붙어, 아직 콩 타작 깨 타작에도 능해 지칠 줄도 모르지만, 성성한 백발은 신의 타작이 가까웠음을 이르는 것이 아닐 것인가. 잔혹한 하늘 도리깨는 잘 여문 것과 여물지 않은 쭉정이를 반드시 가려내고야 말지 않던가.

집으로 들어와 있다가 문득 창을 열고 내다보니, 팽씨 노인의 도리깨는 여직 멈출 줄 모르고 있었다.

공터 위에 뜬 저녁놀도 매를 맞아 온통 시뻘겋게 타오르고 있었다.

내리막길에
보았네

요즘 같은 가마솥 무더위를 견디며 할 수 있는 일은 많지 않다. 나무 그늘이 좋은 집 앞 개울가에 나가 계곡물에 발을 담그고 책을 몇 페이지씩 읽는 일, 이보다 좋은 피서 법을 나는 찾지 못했다.

며칠 전부터 나는 현대 영성의 대가로 알려진 헨리 뉴엔 신부가 말년에 쓴 자서전을 매일 조금씩 읽고 있다.

헨리 뉴엔 신부는 어려서부터 신동으로 불렸다. 하버드대학 출신의 그가 쓴 20여 권이 넘는 저서는 모두 베스트셀러가 되었으며, 그는 그런 저술 활동과 강의를 통해 많은 사람들로부터 추앙을 받았다.

그런 그가 어느 날 많은 보수와 명예를 보장하는 하버드대학의 교수

직을 사임하고, 정신지체아 보호시설의 직원으로 취업을 했다. 그가 거기서 하는 일은 정신지체아들의 대소변을 받아내고 목욕을 시키는 일이었다.

가끔씩 매스컴에서 기자들이 찾아와 헨리 뉴엔에게 물었다.

"대학자가 왜 제자들을 가르치지 않고 엉뚱한 짓을 하고 있습니까?"

그때 헨리 뉴엔은 웃으며 대답했다.

"나는 그동안 '성공'과 '인기'라는 이름의 산 정상을 향해 오르막길만 달려왔지요. 그런데 한 장애인을 만나 내리막길을 통해 하나님을 만날 수 있다는 사실을 깨달았답니다. 오르막길에서는 '나'만 보일 뿐이었죠."

영성의 대가다운 고백이 아닌가.

오르막길에서는 '나'만 보이더라는 것. 내리막길에서 비로소 '하나님'을 만날 수 있더라는 것. 다시 말하면 그는 내리막길을 걸으면서 그렇게 '합일'에 이르고자 몸부림쳤던 존재의 궁극과 하나가 되는 체험을 했던 것이다.

보통 종교인들은 성공과 인기, 축복과 건강만을 신앙을 통해 받게 되는 보상이라고 여기는 경우가 많다. 그러나 뉴엔 신부는 자기 생의 말년에 그것이 종교인의 길이 아니라는 것을 깨달은 것.

우리가 오르막길을 향해서만 내달릴 때는 '나'만 보인다. 오르막길에서는 타자의 얼굴이 보일 리가 없다. 오르막길을 향해 내달리면서도 습관처럼 '사랑'을 되뇔 수는 있다. 그러나 오르막길에서의 사랑은 '자기애'自己愛일 뿐이다. 그걸 '나르시시즘'이라 하던가.

우리가 잘 아는 나르시스의 이야기는 오직 '자기애'에 빠져 다른 이를 사랑할 수도 없고 사랑을 받을 수도 없는 병적 인간상을 보여 준다. 나르시스는 '타자적 주체'를 알지 못하는 정신이다. 그는 언제나 '홀로 주체'로 존재할 뿐이다(김상봉). 홀로 주체적 정신은 타자를 위해 결코 자기를 상실하려 하지 않는다. '너'가 있어 '내'가 존재할 수 있다는 것을 결코 알지 못한다.

우리가 나와 다른 삶의 정황 속에서 살아온 타자를 도우려고 한다면, 먼저 타자의 입장 속으로 들어가야 한다. 그러나 나르시스처럼 자기에 도취된 사람은 결코 타자의 입장 속으로 들어가지 못한다. 왜냐하면 자기를 잃어버릴까 하는 두려움 때문이다.

더욱이 자기의 아름다움에 취해 아무도 거들떠보지 않는 나르시스처럼 '긍지'superbia에 차 있는 사람은 때로 자기의 것을 내어 도움을 베풀어도 그것은 진정한 사랑이 아니다. 긍지란 내가 타자보다 '위에 있다' 는 의식이기 때문에, 그런 긍지에 차서 타자를 사랑한다고 할 때 그 사랑은 자기애이지 진정한 사랑은 아닌 것이다.

앞서 말한 헨리 뉴엔 신부는 오르막길을 걸어온 자신의 사랑이 나르시스의 그것처럼 '자기애'일 뿐임을 깨닫고 내리막길로 돌아선 것이다. 오르막길을 향해 달릴 때 '나'만 보이더라는 고백이 그것을 뒷받침한다. 그는 그처럼 '홀로 주체'로 살아온 자기를 스스로 상실함으로써 타자를 껴안을 수 있는 '사랑의 동심원'을 만들 수 있었던 것이다.

오늘 우리 사회를 보면 나르시스적인 '홀로 주체'의 정신만 도드라지는 듯 보인다. '홀로 주체'의 정신은 결국 나도 상실하고 너도 상실하는 정신인데 말이다.

하지만 예수나 붓다 같은 이들이 보여 준 큰 바보의 정신은 너뿐만 아니라 나도 살리는 정신이다. 그런 정신의 샘에서 피어나는 향기는 쉬 사라지지 않는다.

그 향기에 매혹된 이들의 자비와 연대와 헌신이 오늘 우리의 삶을 아름답게 곧추세우는 기둥이 아닐까.

값으로 환산되지 않는 기쁨을

나는 지금 대자연이 베푸는 은총을 흠뻑 누리고 산다. 북적대는 도심의 주택가에서 복작거리며 살 때 먼 산을 바라보며 저 산기슭에 들어 둥지를 틀 수 있으면 얼마나 좋을꼬, 하고 입맛만 쩝쩝 다셨는데, 하늘이 내 간절한 소원을 들으셨는지 그 소원을 이루었다.

여명이 밝아 오면 제일 먼저 새들이 창가로 날며들며 지저귄다. 새소리를 듣고 일어나 넓은 창을 열면 흰 눈을 덮어 쓴 삿갓봉우리가 한눈에 성큼 다가온다. 이 골짜기로 솔가한 뒤 나는 친구들을 불러 조촐한 집들이를 하며 '저 산자락이 다 우리 집 뒷마당'이라고 자랑했다. 임대한 셋집이지만 개의치 않는다. 인생 자체가 셋방살이 같은 것 아니겠는가.

그런데 며칠 전부터 내가 깃든 숲의 고요와 정적이 깨져 버렸다. 집 앞에 흐르는 작은 개울을 건너면 검은 바위들이 대가족을 이루고 사는 돌무지 땅이 있는데, 그 많은 돌을 캐어 실어 내느라 굴삭기며 덤프트럭들이 매일 같이 집 앞을 드나들기 시작했다. 먼지와 소음으로 문을 열지 못할 지경이다. 아마도 천 평은 족히 될 돌무지의 바위들을 캐내어 돈을 받고 팔 모양이다.

저물녘 돌무지 땅의 주인인 박 아무개를 만났더니 그 돌들을 자연석이라 불렀다. 박 아무개의 입에서 뱉어낸 자연석이란 말에는 자본의 욕망이 스며 있는 것 같았다. 헤아릴 수조차 없을, 수억만 살은 되었을 바위들에게도 이제 값을 매기는 세상이 되었다. 하지만 어쩌겠는가. 자기 소유의 땅에 묻힌 돌을 파내어 팔아먹겠다는데 거기다 대놓고 뭐라 하겠는가.

나는 속이 좀 상해서 박 아무개의 뒤통수에 대고 중얼거렸다.

박 아무개야.

지금 네가 파낸 돌들의 나이를 헤아려 본 적이 있느냐.

저 돌들이 지구 어머니의 자궁에서 탄생할 때

넌 어디에 있었는지 생각해 본 적이 있느냐.

저 돌들의 몸에 새겨진 신비롭고 경이로운

숱한 지구 생명들의 기록을 읽어 본 적이 있느냐.

그 돌들이 네 명의로 등기된 땅에 묻힌 채

무궁한 세월 동안 지켜온 신성한 침묵을 깰 권리가 네게 있느냐.

하여간 나는 그동안 돌무지의 바위들을 스승 삼아 침묵의 의미를 가슴에 아로새기곤 했다. 그리고 그 검은 바위들을 살아 있는 생명체로 여겨 고요의 어미라 부르며 한껏 한가로움을 누렸는데, 그 기쁨이 하루아침에 날아가 버렸다.

매일 새벽마다 일어나 숲 속의 맑은 공기와 고요를 호흡하며 맛보던 명상의 희열도 산산이 깨져 버리고 말았다. 그래서 오늘 아침에는 비좁은 골짜기를 드나드는 중장비들의 소음에 질려 아내에게 푸념을 늘어놓았다.

"여보, 이젠 저 드높은 산봉우리 위에 떠다니는 구름이나 보고 살자구! 아, 그래 당신이 좋아하는 계류의 물안개도 있지. 그리고 철철이 날아드는 새들도 있고 말이야. 이런 것들에야 누가 값을 매길 수 있겠소?"

이렇게 얘기했더니 아내가 어느 영화에서 보았다며 이런 멋진 구절을 읊어 나를 격려해 주었다.

"우리는 때로 인생의 어떤 것들에 대해서 가격을 묻지 않을 때도 있다."

나 역시 돌무지 땅의 주인에게 돌의 가격에 대해 묻지 않았다. 인류의 할아비의 할아비 뻘이 될 돌들의 가격을 묻는 것이 돌들을 모독하는 것처럼 느껴졌기 때문이다.

누가 우리에게 '네 존재의 값이 얼마냐?'고 묻는다면, 벌컥 화를 내지 않겠는가.

어떤 신비가는 우리 존재의 원천인 신을 '무상無償의 하나님'이라고 불렀다. 값없는 은총을 값없이 베푸시는 분이라고 여겨 그렇게 부른다고. 우리가 신을 그렇게 여긴다면 우리도 값없는 것들을 더 소중하게 여기는 삶을 살아야 하지 않겠는가.

하여간 아직 돌무지의 돌들을 다 캐내 가지 않아 땅 한 귀퉁이에는 인간의 손때가 묻지 않은 검은 돌들이 쌓여 있다. 그것을 바라볼 때마다 나는 스스로 되뇌곤 한다.

그래, 값으로 환산되지 않는 생의 기쁨을 더 많이 누리고 살아야지!

날숨에
자비를 실어

티베트의 한 수도자의 책을 통해 멋진 수행법을 알게 되었다. 통렌Tong-len 수행법!

'통렌'이란 말은 티베트어로 '주고받기'를 뜻한다. 우리는 매순간 날숨을 밖으로 토하고 들숨을 들이마신다. 주고받기다. 지금까지 우리는 날숨을 통해 몸 안의 노폐물을 밖으로 토하고, 들숨을 통해 신선한 공기를 들이마셨다.

그런데 통렌 호흡은 그와 정반대다. 들숨을 통해 세상의 부정적인 기운을 내가 들이마시고, 날숨을 통해 내 안의 좋은 기운을 세상에 내보내는 것이다. 그러니까 이 수행법은 다른 사람의 괴로움을 내가 떠맡고 내 안의 평화를 다른 사람에게 주는 것이다.

이 호흡법을 소개받고 무척 기뻤다. 숨을 들이쉬고 내쉴 때마다 이 호흡법을 실천해 보았더니 마음이 평화로워지고 몸에도 알 수 없는 생기가 솟았다. 나는 이 호흡법을 알게 된 후, 내가 자신 안에 갇혀 있는 느낌이 들 때마다 이 호흡법을 실천했다. 세상에 대한 노여움이 일어날 때, 함께 살아가는 이들에게 화가 솟구칠 때도 호흡을 주시하며 '통렌 호흡'을 했다.

하지만 이런 호흡법이 쉬운 것은 아니다. 이 팍팍하고 강고한 세상을 살면서 자비로운 성품을 잃어버렸기 때문이다.

자비가 유배된 시대, 우리는 먹고 사는 일로 여념이 없고, 너는 죽어도 나만 잘 살면 된다는 이기심의 노예로 전락해버렸다. 이 하나뿐인 지구별의 에너지원이 고갈되면서 이제 인간의 원초적 욕망인 자기보존을 위해 전쟁마저 불사하는 야만의 시대가 되었다. 이 야만의 시대는 자비의 힘이 아니라 증오와 파멸의 힘이 맹위를 떨친다. 이런 위세에 눌려 우리는 우리가 사는 우주와 세계가 자비의 옷감으로 짜여 있음을 까맣게 잊어버렸다.

우주 만물의 버팀목인 자비를 회복하지 않는 한 인류의 미래는 없다.

자비를 회복해야 한다는 것은 과거엔 종교인의 미덕으로 권장되었던 사항이다. 그런데 이젠 그보다 더 절박하다. 인류가 살 길이 자비밖에 없다면, 공부하는 학생들의 교과목에도 '자비'를 가르치는 과목이 개설되어야 하지 않겠는가. '경쟁' 보다 '자비'를 가르치는 것이 더 시급하지 않은가. 인간과 우주 만물, 인간과 인간, 인간과 신의 소통을 위해서는 '영어 교육' 보다 '자비 교육' 이 더 시급한 일이 아닌가.

지구의 천장이라 불리는 티베트에서 비롯된 통렌 수행법. 이 숨쉬기 수행법은 지금 이 순간도 살아서 숨을 쉬는 우리에게 자비만이 인류의 살 길임을 속삭여 주고 있다. 들숨을 쉴 때 세상의 증오와 파멸의 에너지를 들이마시고, 날숨을 쉴 때 평화와 자비의 에너지를 세상을 향해 내뿜으라고!

여기, 고요히 흩어지는 자기의 날숨들을 바라보며 마음을 모아 '자비로운 삶' 을 비나리하는 시가 있다. 백혜자 시인의 〈나의 날숨에게〉라는 시다.

봄이 오면
나뭇가지 새 잎새에

연둣빛 봄비의

속삭임으로 돌아와 주렴.

더러는

아침 강에 내려

첫 햇살과 입 맞추다

비상하는 물총새의

날개에도 실려가 주렴.

오늘은

내 숨결이 숲의 향기에

오래 물들도록

날숨의 구름을 날리며

겨울 숲길을 종일 걸어갔다.

　　시인은 자기의 날숨이 만물을 살리는 연둣빛 봄비의 속삭임이 되기
를, 영원한 삶의 상징인 하늘을 향해 비상하는 물총새의 날개에도 실려

가 주기를 비나리하고 있다.

　나도 이 시인의 절절한 비나리에 동화되어 날숨을 내뿜으며 오롯이 마음을 모아 본다. 오직 모든 걸 금화로 해결할 수 있다고 여기는 이 철부지 세상, 저들이 소중하게 여기는 금화도 머잖아 티끌로 변할 날이 있다는 걸, 모든 피조물에는 변화의 낙인이 찍혀 있다는 걸 알아볼 수 있는 밝은 시력을 주옵소서.

　운하에 위협받는 이 땅의 생명의 강을 지키기 위해 생명평화순례단이 흘러가는 강의 리듬에 맞춰 머나먼 길을 나서 오늘도 걷고 또 걷고 있는데, 소금땀 밴 님들의 순례의 여정이 이 땅의 신성한 생명을 살리는 자비의 힘으로 꽃피게 해 주옵소서.

돌을 씹어 먹고 살 수 있나

　　실비단 안개가 치악산 허리를 두르고 너울너울거린다.

　소나무 군락의 푸른빛도 짙은 안개에 묻혀 버렸다. 산안개 속을 헤치고 내려와 마을로 접어드는데, 논배미마다 나락을 털고 난 짚단들이 묶여 허수아비들처럼 서 있다.

　나는 논배미에 서 있는 짚단들 속에서 문득 오래 전에 돌아가신 농부 아비의 환영을 본다.

　농사철이면 항상 삽을 둘러매고 논두렁을 걸어 다니며 물꼬를 살피던 아비, 가뭄 때면 물을 먼저 대려고 이따금 삽을 휘두르며 물꼬 싸움을 하던 아비, 벼 포기 사이를 헤집고 다니며 피를 뽑던 아비, 그러다 쉴 틈이면 논두렁에 나와 앉아 한가롭게 잎담배를 종이에 말아 피우던 아비…….

그러나 아비의 환영도 잠시뿐. 내가 사는 마을에도 혁신 도시가 들어서며 얼마 안 되는 농토마저 거의 다 사라질 모양이다. 논에 물을 대던 저수지에도 며칠 전부터 중장비들이 동원되어 벌써 한쪽 둑을 다 허물었다. 저수지 부근은 공원으로 조성될 듯싶다. 농토가 사라지면 그나마 남아 있던 농부들도 사라질 것이고, 개구리들이 개굴개굴 우짖고 메뚜기들이 뛰놀고 농부들의 쟁기질 소리가 들리던 농토는 소비를 즐기는 인간들만 모여들어 우글우글거리리라.

이런 생각을 하면 뇌리에 스치는 한 농부가 있다. 그는 십수 년 전 돌아가신 무위당 장일순 선생의 일화집에 나오는 농부다.

이 젊은 농부는 어느 깊은 산골에서 농약과 비료를 사용하지 않고 풀을 그대로 두고 농작물을 기르는 제대로 된 자연농을 실천했다. 그는 가난했지만 마음은 누구보다 부자로 신바람 나게 살았다. 얼씨구절씨구! 가 입에서 늘 떠나지 않았다.

그 농부가 장일순 선생을 처음으로 만나 한 말은 이랬다.

"한국에 농부는 저 하나밖에 없습니다."

장일순 선생은 웃는 얼굴로 시건방지기 짝이 없는 젊은 농부를 건너다보았다. 그 눈길이 아주 따스했는데, 그게 장일순 선생의 대답이었다.

"세상의 농심이란 농심은 모두 다 라면 속으로 사라졌습니다."

계속되는 농부의 세태 비판이었다. '참 말이 싱싱하구나!' 하는 생각을 하며 그의 말이 끝나기를 기다려 장일순이 대꾸했다.

"그렇게 옳은 말을 하다 보면 누군가 자네를 칼로 찌를지도 몰라. 그럴 때 자네는 어떻게 하겠어? 그땐 말이지, 칼을 빼서 자네 옷으로 칼에 묻은 피를 깨끗이 닦아 낸 다음 그 칼을 상대에게 공손하게 돌려줘. 그리고 '날 찌르느라고 얼마나 힘들었느냐?'고 따뜻하게 말해 주라고. 거기까지 가야 돼."

벌써 몇 십 년이 흐른 문답이지만, 이 문답은 아직도 내 뇌리에서 떠나지 않는다. 농부의 마음(農心)에 하늘마음(天心)이 포개진 아름다운 문답이 아닌가. 이제 이런 농심은 농업박물관으로나 들어가야 할 것인가.

이제는 고인이 된 동화작가 권정생 선생은 일찍이 "만일 지금 예수가 오신다면, 십자가가 아니라 똥짐을 지실 것"이라고 일갈했다.

똥짐을 지다니? 이게 무슨 말인가. 똥짐을 지는 일은 농사의 근본인 땅심을 돋구는 일이며, 어그러진 생명의 질서를 바로잡는 일이다. 예수

역시 '아버지' [天心]의 뜻을 따라 낙원의 질서, 성스러운 생명 질서의 회복을 위해 자기 목숨을 바친 분이 아니던가.

하지만 오늘 우리가 사는 시절은 강퍅하고, 오로지 물욕에만 사로잡힌 사람들의 마음은 맹수처럼 사나울 뿐. '행복 도시, 녹색 성장'을 표방한 깃발들이 천지사방에 흩날리지만, 농심/천심을 외면한 깃발들의 이면에는 사사로운 이익만이 탐욕의 눈알을 부라리고 있을 뿐이다. 이런 생각을 하염없이 곱씹으며 논배미에 서 있는데, 다시 아비의 환영이 나타나며 문득 입을 연다.

아들아, 돈 돈 돈이 지상의 패권을 다 거머쥔 듯싶지만,
천심을 온몸으로 섬기던 농심이 다 사라지면
돈을 씹어 먹고 살 수 있을 것 같으냐.

안개가 걷히자 아비는 눈앞에서 사라졌다. 논배미엔 마른 짚단들이 마른 땅을 지키고 서 있을 뿐이었다. 나는 짚 한 단을 어깨에 둘러매고 집으로 가는 길로 들어섰다. 추운 겨울을 견뎌야 할 과일나무 밑동을 싸매 주기 위해!

가을 전어와
'영성'

　　추석 연휴가 길어 모처럼 잘 쉬었다. 하루 한 차례씩 뒷산 숲길을 산책하며 밤나무 밑을 찾아들어 토실토실 여문 알밤을 줍는 재미도 쏠쏠했다. 알밤을 줍다가 다람쥐나 청설모가 보이면 일부러 줍지 않고 내버려 두었다.

　　연휴 마지막 날 나뭇잎들이 조금씩 가을빛으로 물들기 시작하는 숲길을 걷는데, 아끼는 후배가 전화로 꼬드겼다.

　　요즘 한창인 가을 전어를 함께 먹으러 가지 않겠느냐고. 좀 끔끔하던 참이라 사양하지 않았다. 가을 전어 굽는 고소한 냄새에 집 나간 며느리도 돌아오지 않는다던가.

약속한 장소로 나가니, 가을 전어들이 횟집 수족관에서 시퍼런 비늘을 번쩍이며 유혹하고 있었다. 싱싱한 전어들 가운데는 더러 죽은 놈들도 둥둥 떠다니고 있었다. 설마 죽은 전어는 상에 올리지 않겠지.

횟집에는 손님이 별로 없었다. 우리는 적조했던 터라 전어회를 먹으며 즐겁게 회포를 풀었다. 밤도 이슥해질 즈음 자리를 파하고 일어섰다. 음식 값 계산을 마치고 뒤따라 나오던 후배가 수족관을 들여다보며 갑자기 핏대를 올리며 말했다.

"형님, 이 양심에 화인 맞은 사람들 좀 보세요. 어쩐지 전어 맛이 좀 떨어진다 했더니 우리에게 죽은 전어를 내주었어요."

후배 말을 듣고 수족관 속을 들여다보니 죽어서 둥둥 떠다니던 전어들이 보이지 않았다.

"난 그냥 모르고 먹었는데, 어찌 알았는지?"

"귀신은 속여도 전 못 속이지요. 제가 바닷가 출신 아닙니까?"

"허허, 그렇지 참! 어떻게 먹는 걸 가지고 그러는지 참 몹쓸 사람들이군."

"그래서 하는 말인데요, 이런 작은 장사하는 사람이든 큰 기업하는 사람이든 영성靈性이 있어야 해요."

"아니, 뜬금없이 웬 영성?"

그랬다. 후배는 갑자기 종교인들이 많이 입에 올리곤 하는 '영성'을 들먹였다. 후배는 어느 특정 종교를 신봉하는 친구도 아니었다. 하긴 요새는 종교인들만 아니라 비종교인들 가운데도 영성이나 명상 등에 관심이 많은 것이 사실이다.

사실 영성은 이제 종교의 전유물이 아니다. 최근 인간 지능을 연구하는 이들이 인간에게 '영성 지능'(SQ)이 따로 있다는 주장을 하고, 이 영성 지능은 종교와 필연적 관련을 갖지 않는다고 말했다.

이를테면 인본주의자나 무신론자들도 영성 지능이 높은 경우가 많고, 종교적으로 활동적이고 요란을 떠는 사람들 가운데도 영성 지능이 낮은 경우가 많다는 것. 아무튼 후배가 죽은 고기를 팔아먹은 횟집 앞에서 말한 '영성'은, 기업을 하는 이들이 어떤 특정 종교의 영성을 가져야 한다는 말은 아닌 것이다. 가까운 찻집으로 자리를 옮긴 후배는 계속해서 열을 올리며 말했다.

"횟집 주인만이 아니라 기업하는 이들은 이젠 자기들이 만들어 파는 상품에 자기 혼을 담아야 한다고 생각해요. 죽은 고기를 팔아먹는 행위는 큰 죄악이지요. 자기 스스로를 정화하여 영적으로 성숙한 존재는 그처럼 남을 해치는 행위를 하지 않거든요. 부도덕한 돈벌이는 결국 자기 영혼을 망치는 일이고 우리 인류사회의 성숙을 저해하는 일이란 걸, 이제는 기업하는 이들이 자각해야 한다는 거지요"

"그래, 자네 얘기에 전적으로 동감인데, 과연 기업하는 이들이 그런 '영성' 을 보다 밝은 미래 사회를 위해 수용할 수 있을까?"

내 의문 제기에 대해 후배는 거듭 자기주장을 굽히지 않았다. 그리고 이제 기업의 중견 간부인 자기가 앞으로 할 일은 개인적으로 자기를 닦는 수련을 거듭하면서 '영성 경영' 이 미래 기업의 철학이 되도록 하는 일이라고 힘주어 말했다.

나는 솔직히 우리 기업의 미래에 대해 후배처럼 고민한 적이 없었다. 또한 기업이 자기 이익 추구에만 혈안이 된 '소아' 小我를 벗어날 수 있는 자기 초월적 힘을 가질 수 있다고 여겨본 적이 별로 없었다.

나는 후배 앞에 부끄러웠다. 그리고 우리의 미래에 대한 낙관적 전망을 잃지 않고 창조적 젊음의 비전을 가지고 펄떡펄떡 살아 뛰는 가을 전어처럼 싱싱하고 새로운 미래를 꿈꾸는 후배를 힘껏 격려해 주었다.

한옥에서
겨울나기

어릴 적부터 나는 아궁이 앞에 쭈그리고 앉아 불 피우는 걸 좋아했다. 그 소원을 지난해에 겨우 이루었다. 십여 년 전부터 산자락을 끼고 살았으나 아궁이를 갖는 것은 쉽지 않았다. 지난해 셋집을 비워 주고 곧 이사를 해야 할 처지가 되었는데, 마침 어릴 적에 살았던 흙집과 비슷한 전통 한옥이 나타났다.

나는 아내의 반대를 무릅쓰고 따뜻한 봄날 그 한옥으로 솔가했다. 변소가 딸린 헛간을 포함해 고만고만한 집이 세 채나 되는 ㅁ자 집으로. 두어 달 동안 허물어진 벽과 문들을 수리하고 나서 어느 방에 불을 땔 수 있을까 궁리했다.

당장 불을 땔 수 있는 방은 없었다. 대문과 붙은 사랑채에 아궁이가 있었으나 흙 속에 묻혀 있었으니까.

나는 몇 며칠 아궁이의 흙을 파냈다. 흙을 다 파내자 놀랍게도 검은 그을음이 잔뜩 낀 아궁이가 고스란히 모습을 드러냈다. 아궁이를 보수하고 굴뚝까지 다 세우고 나니 그을음이 잔뜩 묻은 내 얼굴을 보고 굴뚝 청소부가 따로 없다며 식구들이 킬킬대며 웃었다. 드디어 며칠 뒤부터 아궁이 앞에 앉아 불을 피우기 시작했다.

어느 날 장작불을 피우고 앉았는데, 아내가 변소에서 나온 휴지를 가져다 태우라고 건네주며 말했다.

"그렇게 좋아요?"

"암, 좋고말고!"

"요새 당신 얼굴이 꽃처럼 활짝 폈어요."

꽃 피는 봄에 이사한 후 늦가을까지는 온 가족이 한옥살이에 행복해했다. 우렁찬 수탉 울음소리를 자명종 삼아 아침 일찍 기상하고 아내가 좋아하는 어린 삽사리도 새 식구로 맞이하고 딸이 좋아하는 고양이도 이웃에서 분양받아 길렀다. 집을 삥 둘러싼 돌담 아래 해바라기, 호박, 고추, 딸기, 참외, 상추 등을 심어 우리 집 밥상은 늘 싱싱한 풋것들로 풍성했다.

한옥살이를 반대했던 아내도 가까운 산과 들에서 온갖 야생화를 캐다가 집안 뜰을 가꾸는 재미에 빠졌다. 봄여름가을을 지나며 우리 식구들은 흙을 밟고 사는 기쁨, 꽃과 새와 집짐승들과 어우러져 사는 즐거움에 흠뻑 젖어들었다.

그런데 겨울철로 접어들며 한옥살이가 힘들어지기 시작했다. 다 겪은 일이지만 혹한의 날씨 때문이었다. 바닥이 따끈따끈하도록 불을 때도 방 안은 추웠다. 살을 에는 듯한 외풍이 들이치며 방 안의 물이 얼고 요강의 오줌도 얼 정도였으니까. 문이란 문에는 모두 겹비닐을 치고 변기와 세탁기는 여분으로 있는 담요나 이불로 감싸 주어야 했다. 그런데도 변기가 얼어붙고 세탁기 물 내려가는 곳이 얼어붙어 작동을 하지 않았다. 며칠 동안은 아침에 일어나 온열기를 동원해 변기를 녹이느라 낑낑댔다.

너무 추워서 식구들은 일할 엄두도 내지 못했다. 서재에 앉아 컴퓨터 자판을 두드릴 때도 손이 곱아 장갑을 껴야 했고, 조각가인 딸은 작업을 중단한 채 고양이처럼 아랫목만 파고들었다. 뜰 가꾸는 재미에 맛 들여 휘파람을 불며 지내던 아내도 어느 날부터 불평을 늘어놓기 시작했다.

왜 이런 집으로 이사를 해서 식구들 고생을 시키느냐? 할 말이 없었다. 그렇지만 힘들기는 나도 마찬가지였다. 매일 아궁이에 불을 피우는 일도 여간 고역이 아니었다. 찬바람이라도 쌩쌩 몰아치는 날은 장작에 불도 잘 붙지 않고 매운 연기도 잘 빠지지 않아 눈물바람을 하기 일쑤였으니까.

입춘이 가까워지는 어느 날 아침이었다. 나는 볼일을 보기 위해 변소에 달달 떨며 앉아 있었다. 괜히 고집을 부려 한옥으로 이사 왔지, 신중해야 하는 건데…… 이런 후회를 곱씹으며 앉아 있는데, 문득 야생의 짐승들이 떠올랐다. 꽁꽁 얼어붙은 산 속에 갇혀 먹이를 구하지 못해 굶주릴 산짐승들이.

지난해 겨울 산자락 밑에 살 때 얼마나 굶주렸는지 집 가까이 나타났던 굶주린 고라니와 너구리도 생각나고, 얼어붙으면 먹이를 구할 수 없을까 봐 한밤중이면 수십 마리가 날아와 얼음 잡힌 호수에 몸을 던져 얼음을 깨놓는다는 야생오리들도 떠올랐다. 이런 짐승들을 떠올리니 우리가 겪는 고생은 아무것도 아니라는 생각이 들었다.

그래, 이까짓 혹한에 마음마저 꽁꽁 움츠러드는 것은 순 엄살이야. 암, 엄살이고말고! 그동안 문명의 이기와 편리에 너무 깊이 물들어 있었어. 여름에는 겨울같이 겨울에는 여름같이, 그렇게 냉온방기를 틀어놓고 살면서 철없이 지냈잖아? 그렇게 몸과 마음을 길들이면서 야생의 삶을 잃어버린 거지. 강인한 야성도 잃어버리고. 내 어릴 적만 해도 지금보다 더 힘들면 힘들었지 덜 힘들지 않았을 텐데, 그땐 아무도 이런 엄살을 부리지 않았어. 잘 견뎠어. 야생을 멀리하면서 몸도 마음도 약해진 거야.

이렇게 새삼 마음을 다잡고 변소를 나와 뒤뜰 돌담 아래 앉아 볕을 쬐고 있었다. 돌담 밑에 쌓인 잔설도 볕을 빨아들이며 조금씩 녹고 있었다. 문득 손으로 잔설을 헤치자 푸릇푸릇한 게 보였다. 오, 바랭이 풀! 동장군을 이겨 낸 강인한 봄이 벌써 뾰족뾰족 얼굴을 내밀고 있었다.

나는 자리에서 벌떡 일어났다. 그리고 외출복을 갈아입고 물푸레나무 지팡이를 들고 산행을 나섰다. 봄을 마중하고 싶어서.

마중하지 않아도 봄은 오겠지만. 알아? 운 좋으면 양지 바른 산자락에 얼어붙은 대지를 뚫고 나온 샛노란 복수초라도 볼 수 있을지!

당나귀 등에
올라타라!

"내 몸은 형제 당나귀다. 나는 그에게 먹이를 주고 씻겨 준다. 그래도 나는 그를 탈 것이다."

아시시의 성자 프란체스코의 말이다. 그는 자신의 몸을 '형제 당나귀'로 여겼다. 하지만 그는 자신의 몸으로 여긴 당나귀를 '참나' Self 와 동일시하지 않았다.

당나귀인 내 몸은 나를 위해 숱한 시련을 겪고 나를 위해 고통을 함께 나누는 형제임이 분명하지만, 그래서 그 당나귀 형제의 충실한 봉사에 고마워해야 하지만 그 이상은 아니라는 것이다. '나는 당나귀를 탈 것이다'란 말이 곧 그것이다. 내가 몸의 주인이므로 몸이 내 주인 노릇을 하도록 두지 않겠다는 것.

프란체스코의 이러한 삶의 태도는 '몸이 원하는 대로 살지 말라'는 것이다. 몸이 원하는 대로 사는 사람들은 세상의 재물, 지위, 권력을 자기 자신과 동일시한다.

재물은 나에게 필요한 것이지만, 재물이 곧 '참나'는 아니다. 세상의 지위나 권력이 나에게 필요한 것이지만, 세상의 지위나 권력이 곧 '참나'는 아니다. 그것들이 '참나'가 아닌 이유는 그것들은 영원하지 않고 무상無常하기 때문이다. 불멸의 신성 그 자체인 '참나'를 무상한 것들과 동일시하는 것은 무지요 어리석음이기 때문이다.

시인 라빈드라나드 타고르는 〈기탄잘리〉라는 시 속에서 권력과 재물의 수인囚人이 된 이를 등장시킨다. 화자가 그에게 묻는다.

"수인아, 말해 다오. 누가 그대를 가두었는지?"

수인이 대답한다.

"나의 주인이었어요. 나는 권력과 재물에 있어 세상의 누구보다 뒤지지 않는다고 생각했습니다. 그래서 내 보물 창고에 왕에게나 걸맞을 재물을 모았지요. 졸음이 나를 엄습해 오자 나는 주인의 침대에 누웠어요.

그런데 깨어 보니 나는 보물 창고에 갇힌 수인이 되어 있더군요."

　어쩌면 시인은 오늘 우리에게 '그대들은 바로 보물 창고에 갇힌 이 수인과 같지 않은가' 하고 반성을 촉구하는 듯싶다. 이 시는 결국 그 무상한 것들과 우리 자신을 동일시하는 것이 얼마나 어리석은가를 일깨워 준다. 더 나아가 그런 무상한 것들보다 더 '큰 존재' 에 소속된 삶을 살아야 한다고 눈짓하고 있는 듯싶다.

　더 큰 존재라니? 타고르에게는 그 큰 존재가 자기 안에 살아 있는 불멸의 신성 '아트만' (참나)일 것이요, 프란체스코에게는 '그리스도' 일 것이다.

　하여간 자기보다 '큰 존재' 에 소속되어 있다는 원숙한 존재감, 그것은 세상 사람들이 소중하게 여기는 재물, 지위, 권력 같은 것을 티끌로 보는 시력을 제공한다.

　"삶과 죽음은 자연의 한 조각에 불과하다."

　지난 봄 권력의 정상에 우뚝 섰던 이가 홀연 세상을 하직하며 남긴 이 말이 어떤 의미망을 품고 있는지 난 다 알지 못한다. 하지만 나는 그 말에서 재물, 지위, 권력이 무상한 것이라는 각성이 묻어 있다는 것을 눈치 챌 수는 있었다. 대지에 흙 한 줌 보탤 뿐이라는 이런 각성은 인간을 겸허에 이르게 한다.

겸허, 그것은 인간의 본바탕이다. 빈손, 빈 마음은 인간의 본바탕이다. 더 많은 재물, 더 높은 지위, 더 큰 권력을 얻기 위해 날뛰는 내 안의 당나귀는 나의 본바탕과는 거리가 멀다.

내 안의 날뛰는 당나귀에 영합하는 것은 나의 본질을 망각하는 일이다. 본질을 망각하면 인간은 앞으로 더 나아갈 수 없다. 본질을 망각한 개인이나 사회에 삶의 진보는 없다.

왜 우리의 정치문화는 답보 상태에서 한 걸음도 앞으로 나아가지 못할까. 왜 우리의 삶 속에서 자신의 본바탕을 깊이 관조하는 사람을 찾아보기 힘들까. 전체와 동떨어져 미세한 조각에 불과한 나만을 위해 사는 것이 얼마나 어리석은 일인가를 왜 사람들은 깨우치지 못할까.

성 프란체스코가 다시 살아서 우리 곁에 온다면 뭐라고 충고할까.

"네 안에 날뛰는 당나귀의 고삐를 잡고 그 등에 올라타라!"

새봄을 여는
톱질소리

봄은 봄[見]이라던가. 그래서 그런지 자주 창을 열고 바깥을 내다보게 된다. 봄의 대지는 무슨 자력이 있는지 유혹자처럼 나를 바깥으로 불러낸다.

내가 사는 산골짜기에 제일 먼저 찾아온 봄의 전령은 맹꽁이들. 정원 뜰의 작은 연못에서 씩씩하게 동장군을 이겨 낸 맹꽁이들이 3월 초부터 밤마다 골짜기가 떠들썩하도록 울어 댄다. 짝 부르는 소리라지.

맹꽁 맹꽁 맹—.

그 소리를 듣고 있자면 새싹이 파릇파릇 돋는 소리 같기도 하고, 봄꽃 나무들이 고운 꽃봉오리를 밀어 올리는 소리 같기도 하다.

실제로 짝 부르는 맹꽁이들이 내는 울음소리의 신명이 지폈는지 며칠 전부터 봄꽃나무들이 얼쑤얼쑤 꽃봉오리를 밀어올리기 시작했다.

제일 먼저 피어나기 시작한 건 앞산 오르는 언덕에 핀 산수유 꽃봉오리들. 오늘 아침에 보니 언덕이 온통 노란 꽃구름으로 덮여 눈부시다.

맹꽁이 울음소리가 들리기 시작한 뒤부터 옆집에 홀로 사는 팽씨 할아버지의 움직임도 눈에 띄게 바지런해졌다. 짜글짜글한 주름이 얼굴 가득 덮인 할아버지는 벌써 팔십 줄에 들어섰지만, 바야흐로 농사철이 되면 사십 대 농사꾼 못잖으시다.

며칠 전 올빼미 글쟁이인 내가 늦은 아침 겸 점심을 먹고 식곤증을 이기지 못해 또 다시 낮잠에 골아 떨어졌는데, 쿵! 하고 뭔가 넘어지는 요란한 소리가 지축을 울렸다. 자다가 깜짝 놀라 깨어나 창문을 열고 내다보니, 팽씨 할아버지네 집 뒷산의 큰 고목이 쓰러져 있는 것이 아닌가. 쓰러진 고목 옆엔 큰 톱을 든 할아버지가 누워 있는 고목을 흐뭇한 표정으로 내려다보고 계셨다.

나는 외투를 껴입고 할아버지네 집 뒤 언덕으로 올라갔다.

"할아버지, 뭐하세요?"

"아, 고 선상이구먼! 이 죽은 나무 넘어져서 집이라두 덮칠까 봐 베어

버렸다우."

말씀은 그렇게 하시지만, 다가오는 겨울에 쓸 땔감을 미리 마련해 두려는 속셈일 것. 할아버지는 내가 사는 골짜기에서 유일하게 장작으로 구들장을 덥히고 산다. 해서 땔감 욕심이 많다. 심지어 내가 고추 지주로 쓴 뒤 이듬해에 쓰려고 묶어 둔 나무 지주도 슬쩍 가져간 적이 있다. 범인이 할아버지인 걸 알고도 암말 않고 그냥 넘어갔지만!

모처럼 말동무를 만난 게 즐거운지 팽씨 할아버지는 라일락담배를 한 개비 빼물고는 지금 요양원에 가 계시는 당신 마나님 얘기를 미주알고주알 늘어놓는다. 평소에도 관절염으로 다리를 많이 절며 농사일하는 할아버지의 뒷수발을 들던 할머니는 지난겨울에 풍을 맞아 요양원에서 죽을 날만 기다리신다고 한다.

"어쩐대요. 할머니도 안 계시니 요즘 무척 적적하시겠네요."

"적적? 솔직히 적적허지. 어쩌것소. 우리 집 할매는 이제 못 돌아올 거여, 허허……."

빠진 이빨 사이로 새어나오는 허탈한 할아버지의 웃음소리 뒤로 하며 산비탈을 내려오는데, 괜히 눈시울이 시큰거린다.

저 큰 고목을 손수 톱으로 다 자르려면 족히 반나절은 걸릴 것이다.

자른 나무토막들을 지게로 져 내리면 도끼로 나무를 쪼개어 처마 끝에 가지런히 쌓는데 적어도 이틀은 걸릴 것이다. 그러고 나면 해종일 집 앞의 산비탈 밭으로 나가 두더지처럼 땅에 엎드려 비지땀을 쏟을 것이다.

농업박물관에나 전시하면 딱 좋을 토종 농사꾼. 에프티에이FTA가 뭔지도 모르고 그 흔한 유기농도 모르고 바쁜 농사철이면 농약 통을 거의 짊어지고 사는 할아버지. 돌 많은 산비탈 밭을 갈기 위해 묵묵히 쟁기를 끌고 가는 황소 같은 무지렁이 할아버지. 철부지 먹물들은 '오래된 미래' 운운하지만, 생이 끝장난 '오래된 고목'을 묵묵히 톱질하고 있을 뿐인 팽씨 할아버지.

셋씩이나 되는 자식들이 그리 멀리들 있지도 않지만 일 년에 한두 번 코빼기를 보일까 말까 하고, 재롱떠는 손주 새끼들과 함께 해낙낙해 할 즐거움도 융융한 희열도 없이, 다가올 추운 겨울을 또 이겨 내기 위해 노구의 몸으로 미리 땔감을 준비하는 톱질소리.

쓱싹쓱싹, 새봄을 여는 톱질소리!

고진하 산문집

누가 우편함에
새를 배달했을까

초판 1쇄 2012년 4월 5일
고진하 지음

발 행 인 | 신 경 하
편 집 인 | 손 인 선

펴 낸 곳 | 도서출판 kmc
등록번호 | 제2-1607호
등록일자 | 1993년 9월 4일

110-730 서울특별시 종로구 세종대로 149 감리회관 16층
          기독교대한감리회 출판국
대표전화 | 02-399-2008   팩스 | 02-399-4365
홈페이지 | http://www.kmcmall.co.kr
디 자 인 | 디자인 화소 02-783-3853

값 12,000원

ISBN 978-89-8430-555-7   03230